YINDUNIXIYA

丝路文苑 他乡故事

# 印度尼西亚

[印尼] 袁霓 编著

SPM 南方出版传媒
花城出版社
中国·广州

图书在版编目（CIP）数据

丝路文苑·他乡故事. 印度尼西亚 / （印尼）袁霓编著. -- 广州 : 花城出版社, 2017.1
ISBN 978-7-5360-8182-6

Ⅰ. ①丝… Ⅱ. ①袁… Ⅲ. ①印度尼西亚－概况 Ⅳ. ①K91

中国版本图书馆CIP数据核字(2017)第005833号

出 版 人：詹秀敏
责任编辑：曹玛丽
技术编辑：凌春梅
装帧设计：刘 畅

---

书　　名　丝路文苑·他乡故事．印尼
SILU WENYUAN TAXIANG GUSHI YINNI
出版发行　花城出版社
（广州市环市东路水荫路 11 号）
经　　销　全国新华书店
印　　刷　广东新华印刷有限公司
（广东省佛山市南海区盐步河东中心路 23 号）
开　　本　880 毫米×1230 毫米　32 开
印　　张　4.375　1 插页
字　　数　100,000 字
版　　次　2017 年 1 月第 1 版　2017 年 1 月第 1 次印刷
定　　价　24.00 元

---

如发现印装质量问题，请直接与印刷厂联系调换。
购书热线：020－37604658　37602954
花城出版社网站：http://www.fcph.com.cn

# 前言

中国人到印尼的历史由来已久，最早的可追溯到汉代，可是，大规模到印尼移居，则有数百年历史。比较集中的移民潮则是在明朝郑和七下西洋时期、清末和民初，当时的移民大多来自中国南方沿海一带，福建、广东、海南、山东等，主要经商、务农、采矿等等，有的是为了寻找更好的生活自行前来，有的是被强行掠来做矿工，被称为“卖猪仔”的一群人，他们都是印尼华人的祖先，经过百年来的繁衍生息，印尼华人遍布在印尼群岛各地，他们有的已经传了十多代，不会读讲华文华语，吃喝住行都融合了当地的习惯，但又保留着祖籍国的传统，被称为侨生，清末民初的移民被称为新客，他们当中有很多有识之士，为印尼的华文文化和教育播下了良好的根基。

百年前，印尼华人对中国的感情是落叶归根，故乡在遥远的北方。而现在的印尼华人对印尼的感情是落叶生根，故乡就是出生和成长的地方，血液里面留着的血，无法切断与祖籍国千丝万缕的情谊，因此，对印尼有深沉的爱，对祖籍国也有割舍不断的情，基于这种情，印尼华人一直为两国的文化、教育、经贸的交流和发展贡献着绵力。

20 世纪的 60 年代中期，印尼苏哈多政府上台后施行排华政策， 冻结印中关系，严禁使用华文华语，导致长达三十多年的新生代不会使用华文华语，新生代的思想、感情也与上一代有了不同，他们有新的观点和感情依托。

随着印尼与中国恢复邦交，两国之间的交流越来越密切，印中两国开展贸易往来，很多印尼华人到中国投资，中国也有很多公司来印尼投资。此外，很多个人也来印尼发展，涉及的行业方方面面，这些都给中印（尼）两国和人民带来更多的机会交流和发展。

这个时期，中国人来印尼，不再限于中国南方沿海一带，而是来自中国各地。有的只是投资，有的久居，甚至也有中国新娘嫁到印尼来，这是 21 世纪的新移民潮。他们不再是被迫移民，而是纯粹的商业行为。

但是我们在这些新来的中国人身上，看到了与我们先辈一样的共同点：刻苦，勤奋，坚韧，所以他们很快就可以在一个陌生的地方打下基础，获得发展。在一系列的“中国人在印尼”的采访文章中，我们看到了他们奋斗的故事。可以说，他们是 21 世纪海上丝绸之路的参与者、推动者和建设者。

自习近平主席提出“一带一路”的倡议之后， 印中两国的关系获得了进一步发展，两国关系升级为全面战略伙伴关系；这也为中国政府或企业带来更多和印尼政府或企业的合作项目，目前，由中国印尼联合承建的首条高铁——雅万高铁正在兴建当中，印尼基础建设的发展，将极大改善印尼人民的生活。随着有越来越多的中国企业或个体投资，期望将带给印中两国人民带来更多更大的利益，并通过各种友好互动，促进印中两国人民的友好往来。

袁　霓

2017 年 1 月 1 日

# 目录

## 中国建造

## 经贸交往



## 华文教育

**他乡生活**

丝路文苑·他乡故事

印尼

# 中国建造

# 用“中国标准”推动“中国建造”

——访中交路桥技术有限公司党委书记李毅谦

我们希望借泗水—马都拉大桥项目这个机会，推动中国标准“走出去”。标准是链接产业的有效抓手，标准的输出，能带动整个产业链抱团“走出去”，通过中国标准使中国技术、中国管理、中国装备实现最佳组合。长远地说，中国标准“走出去”的意义远超出项目建设本身。

李毅谦

在印度尼西亚东爪哇省东北部的马都拉海峡中，横跨着一座用中国桥梁规范建造的跨海大桥，宛如一条纽带，连接着印尼第二大城市泗水和马都拉岛。泗水—马都拉大桥（又称泗马大桥）总长 5438 米，主桥为 818 米的斜拉桥，桥宽 30 米，是印度尼西亚第一座跨海大桥。

时间追溯到十年前，承载着改变泗水和马都拉两岸岛屿人民世代隔海相望现状的泗水—马都拉大桥项目正式启动。自 20 世纪 90 年代初，泗水—马都拉大桥就已经开始进行可行性研究，

泗水—马都拉大桥

但由于技术、资金等方面的原因，一直未能落实。

为推动这个项目的实施，根据中国政府与印尼政府之间的经济技术合作协议，2004 年 9 月，由中国交通建设股份有限公司组成的中方承包商与印尼公共工程部签订了泗水—马都拉大桥的设计、科研、施工总承包合同。其中，中交路桥技术有限公司承担了设计和科研工作，时任副总经理李毅谦是这个项目的设计、科研负责人。

从事桥梁工程设计、科研 30 余年的李毅谦，先后主持完成了国内数十座特大型、复杂结构桥梁的设计科研工作，获得十多项国家、省部级奖项。对于泗水—马都拉大桥的设计工作，李毅谦显得信心满满。

2005 年 1 月初，当整个印尼仍然处于“12·26”海啸的恐惧之中时，李毅谦带着他的团队便进场了，开始地勘和资料收集工作。起初的工作是十分艰难的，陌生的环境，语言的障碍，特别是通过搜集，发现设计施工所需的水文、气象、地质、地形地貌等基础资料非常稀缺，国内外对印尼桥梁建设方面的研究少之又少，尤其是自然环境对桥梁结构所产生的影响，从未见诸有关的文献报道。同时通过调研，他们发现，当地的建桥条件十分特殊：所选桥址地处高温、高湿的海洋环境，水文和地质条件极为复杂，高烈度地震频发；大桥主要持力层为 200 多米厚的火山灰黏质粉土，强度极低；地处赤道附近，紫外线分外强烈，海水含盐度高、蒸发量大，给大桥的耐久性以及防腐设计提出了新问题。

“说实在话，刚刚接到这个项目的时候，我们的团队特别激动。但是，等我真正拿到这个合同文本，开始和我们的团队研究这个项目的时候，压力一下就上来了。”李毅谦说。

李毅谦站在完工的泗水—马都拉大桥上

但是研究泗水—马都拉大桥相关资料的时候，他发现，在修建该大桥之前，印度尼西亚本国并没有建造过大型桥梁，也没有适用于大型桥梁的设计规范。现有的中小型桥梁多为日本、欧美等国家公司采用英国或其他规范设计，当地的桥梁规范只适用于建设跨度小于 100 米的桥梁，远不能满足泗水—马都拉大桥设计、施工的需要。按照印尼建桥的惯例，印尼政府要求，泗水—马都拉大桥的建设需采用英国和美国的有关标准规范。“一系列的特殊，使我们的工程师们必须破解与当地自然环境、建设环境有关的影响大桥设计和施工的所有难题。”李毅谦说。

通过实地考察、认真测算，在掌握了一手数据后，李毅谦和他的团队认为，如果采用英、美国家的规范，必将带来一系列问题：多种规范配套使用，势必造成规范和标准本身的不统一；为了配合英、美国家规范，大桥的设计除主结构外，还包括机电设备、过桥管线、交通工程、健康监测等许多附属结构的设计施工项目，需要投入大量的人力、物力来梳理英美等国的相关规范；对于建设材料的选择，也只能依赖英、美等国家产品。于是，他们力主采用中国规范和中国标准。然而，中国规范在印尼从未使用过，也没有相关的英文或其他外文版本。为此，他们进行了周密严谨的研究工作。期间的一段小插曲让李毅谦记忆犹新。

“有一个德国人在台湾开了一家公司，起初，这家公司承担了引桥的设计工作，这是在一开始就由印尼方委托给这家公司的。但是后期，这家公司想同时介入主桥的设计。他们不断的指责我们的设计方案有问题，并提供了另一套方案。这一系列的指责，对我们的工作造成了很大的障碍，并直接影响到中国规范的使用问题，我们必须回击。我们以翔实的数据和理论，证实了这家公司提供的方案只能适用于中小桥的建造。在泗水—马都拉大桥，这么一个复杂的，高烈度地震区域内，这套方案是不能够实现的。”论战的结果使印尼方认识到中国技术的实力，放弃了对德国人的信赖。

最终，印尼政府同意在泗水—马都拉大桥建设中采用中国规范，并以此为基础，作适当的补充完善，编制泗水—马都拉大桥的专用的设计、施工规范。正是这一次的努力，使得泗水—马都拉大桥成为了中国桥梁规范成功应用于国外桥梁建设的第一次实践。

2010 年 5 月，交通运输部科技司在北京召开了“泗水—马都拉大桥跨海大桥关键技术研究”课题鉴定会。交通运输部专家鉴定委员会认为：“该课题研究依托泗水—马都拉大桥的建设，不仅满足了大桥的设计和施工需要，而且填补了当地在大跨度斜拉桥和跨海大桥建设领域技术研究的空白，成功将中国规范和建桥技术推向海外，取得了一系列开创性的技术成果。”他们建议加强研究成果的推广力度，进一步提升中国规范和桥梁建设技术在海外的应用和竞争力。

近些年，中国企业与国际领先承包商的差距正在逐渐缩小，如何能加速缩短差距，将“中国施工”转变为“中国建造”，进一步提升中国企业综合实力，李毅谦表示推动“中国标准”走出去十分重要。他说，“使用谁的标准，谁便掌握了话语权。”

事实也是如此。现在，一个标准体系可以带动多产业发展已成为行业的共识。“标准是链接产业的有效抓手，标准的输出，能带动整个产业链抱团‘走出去’，通过‘中国标准’使中国技术、中国管理、中国装备实现最佳组合。”

中国企业曾经在工程施工的低端市场、产业链低端徘徊。从最开始的低端劳务型输出，正在向高端技术型自主承建高技术含量、高层次的大型工程输出方式转变。如今的中国企业已经完全可以和国际同行同台竞技、一比高下。但是在更高的平台上展示中国交通的科技实力，更应注重内外兼修，推动“中国标准”走出国门。这样，不仅更有利于中国企业全方位开拓市场，展示中国交通建设发展的技术进步成果，更能提升中国工程建设企业在国外的软实力。

当“中国标准”被国际普遍认同和接受后，中国企业参与海外市场竞争的空间和地位将会得到进一步改善。不但在高端市场中能够获得份额，也有利于增加整个产业链条上“中国元素”的比例。同时，以海外工程项目建设为平台的“中国标准”和设计理念融入当地，不仅能加强不同国家和建设标准之间的技术科研交流，还可能形成针对当地环境的工程专用规范。

通过交通建设标准在海外工程当中的推广和应用，为我国企业在更大范围和更高层次上实施“走出去”战略创造了更有利的条件。在将“中国施工”转变为“中国建造”的过程中，中国企业通过自身的产能优势、技术优势、经验与模式优势转化为市场与合作优势，实行全方位开放的创新，从而达到交流、理解、包容、合作、共赢的目的。

如今，建成已近 6 年的印度尼西亚泗水—马都拉大桥成为中国企业“走出去”并取得成功的国际工程项目之一，而它依托中国规范、吸纳专题研究成果所制定的泗水—马都拉大桥专用设计和施工技术规范，不仅成为了印度尼西亚第一套大跨径桥梁规范，可以为印尼今后的桥梁建设提供借鉴；同时，通过使用中国规范和技术合作，为当地培养了技术人才，促进了当地桥梁建设技术的进步。它对外展示了中国大跨径桥梁建设的能力和水平，进一步提升了中国技术和企业在海外的影响力和品牌形象。

“由此看来，‘中国标准’走出去的意义已远超出项目建设本身。”李毅谦对未来“中国标准”在世界上“走”的更远充满信心与期待。

刘　逍

# “大国工匠”铸精品工程

——记印尼公主港燃煤电站海工工程项目副经理钱雨麟

上海崇明大东码头改建工程中标时，业主的附加条件是：钱雨麟必须到场。张家港陶氏化工码头工程业主曾一纸传真发到公司，声明“不得以任何理由将钱雨麟先生调往其他工地或部门。”江苏靖江新长铁路栈桥工程业主向《靖江日报》、靖江电视台的记者介绍钱雨麟“是一位大把吃药、拼命干活儿的建筑工匠。”

钱雨麟，究竟是何许人也？业主为何对他情有独钟？钱雨麟，中国交通建设股份有限公司所属中交第三航务工程局有限公司员工，印尼公主港燃煤电站海工工程项目副经理。不但业主、项目经理争着要他，监理、工人也对他竖起了大拇指。监理认为，“只要捉牢钱雨麟，就等于是上了双保险。”工人提到钱雨麟，更是无不钦佩地竖起大拇指：“钱师傅，我们服！”服什么？自然是他几十年积累下来的娴熟技艺和精益求精的“工匠精神”。

17 岁进单位，学艺三年，钱雨麟确实感到钢筋工是个又苦又累的活儿。夏天大太阳下暴晒，冬天风雪里挨冻，由于当时机械设备缺乏，每一根钢筋的弧度都是靠手工弯出来的。但他从不叫

办公中的钱雨麟

苦叫累，跟着师傅在施工现场，眼里看、手里学、心里记，从对焊、绑扎、弯曲，到识图、配料、放样，经过不断的实践锻炼，练就了一手过硬的钢筋工操作技术。2007年，年近半百的钱雨麟以其超群的技艺，在近百位参赛选手中脱颖而出，在中交集团职工技能（钢筋工）比赛中勇夺第一名。

三十多年来，他转战浦江两岸、大江南北，他以一丝不苟、精雕细琢、追求完美的“工匠精神”，打造了东海大桥、洋山深水港、上海世博轴等多个国家级精品工程。2008 年，这位两鬓略白的“匠人”来到了千岛之国的爪哇岛海边。

公主港电厂项目是 2007 年印尼政府为了解决全国严重的用电缺口，利用中国政府提供融资兴建 10000MW 一揽子燃煤电站项目中单笔金额最大的一个。然而，刚进驻印尼市场时，适逢 2008 年全球金融危机，防波堤停工一年导致挖泥施工所必需的港池掩护不能按时形成，复工后又因各项手续繁杂而拖延了计划施工时间，钱雨麟面对这些不利外因，沉稳应对，见缝插针，根据现场情况随时调整施工工序，既保证工程进度也有效控制了工程成本。

钱雨麟身体力行着“工匠精神”，在工程最险最难的时刻总是冲在最前面，并以满满的正能量感染着身边的人。工程前期，需要精确测量泥面标高，钱雨麟可以毫不犹豫地跳进齐腰深的海水里进行测量。刚进单位没多久的小青年，当时都看傻了，“看钱经理跳下去，当时心里什么也没想，就跟着跳了下去。只能说，钱经理给人一种与生俱来的信赖感，让人心甘情愿地追随他。”当时正值抛石施工，海水呈黏稠泥浆状，在水下移动身体需要耗费相当大的体力。等测量完毕后，钱雨麟已经在海水里足足泡了一个多小时，当时的他已经明显有些体力不支，连腿都迈不开了，最后还是靠同事抛缆绳才把他拉上了岸。

钱雨麟以身示范传授“工匠技艺”。在印尼干活儿的工人都是来自东南亚地区的“国际部队”，当时很多人都替他担心，觉得他年龄大了，外语这关可能过不去。但钱雨麟有属于自己的“独门语言”，他以手代嘴，以身示范，一步一步、手把手地带着大家一起干。他先在现场观察干活儿的工人，找出聪明肯学的单独给他们“开小灶”培训，然后再由这些人带领其他工人去做。这样一个人带动一队人，项目部的各项施工工艺和技术交底充分落实到每个工人的操作实际中，现场管理井井有条。很多印尼工人都服从钱雨麟的指挥，在工地上跟着他学习如何掌握更好的技能，私下里和他更是要好的朋友。他们都知道 CCCC（中国交建）有个能教他们技能的、讲信用、有能力的好经理。

钱雨麟认真采录现场

钱雨麟用“工匠精神”擦亮“中国建造”。公主港项目环境复杂、工期紧张、任务艰巨，虽然在钱雨麟手下“诞生”的码头不下数十个，追求极致的“工匠精神”

让他在码头施工上的各项技术已近乎完美。但印尼公主港的卸煤码头与国内码头完全不同，作为电站的配套工程，卸煤码头全长300米，宽24米，采用PC桩和钢管桩的混合桩基形式。为避免受到海浪的冲击，钱雨麟建议采用围海筑堤的陆上施工方案，除了水平撑和面板为预制，码头从沉桩到上部结构施工全部采用陆上干施工工艺，即修筑围堰、回填、陆上沉桩和上部结构施工、最后拆除围堰和挖泥形成码头。

水泵房沉井是整个工程中最为复杂的工艺。巨大的沉井长43.5米、宽38.85米、高18.35米，相当于2个室内足球场的7层楼建筑沉入海底。钱雨麟凭借丰富的施工经验，提议采用五次浇筑二次下沉的工序进行沉井下沉。在下沉过程中，项目部启动了24小时连续下沉作业，钱雨麟带领全体员工轮流值班，全身心地投入到沉井下沉的施工过程中。由于下沉作业处于雨季，项目部面临着暴雨、大风等诸多不确定性因素和施工风险。随着下沉深度的增加，地质条件也变得更加复杂，饱和水沙砾层中大粒径卵石含量突然增多，最大粒径达到90厘米，造成吸泥泵大量损坏。面对突发情况，钱雨麟下令放缓排水下沉的进度，同时组织大量劳动力到井内清理卵石，并通过吊机配合出运。截至沉井下沉到位，项目部电机损坏15套，泥浆泵壳损坏100多套，累计清理和出运卵石近两千方。

2014年，在印尼国家电力公司举办的全印尼10000MW一揽子电站在建项目评比中，公主港燃煤电站项目获得“最优秀项目”荣誉。印尼国家电力公司建设部总裁纳斯里肯定了公主港的建设成果。此后，公主港作为电站精品示范工程接待了印尼国家电力公司下属电站百余名项目经理的参观学习。

从2008年初入印尼公主港，到此后的五六年间，钱雨麟的护照上几十页的空白页已盖满了出入境的印章。而这片昔日荒漠的滩涂，也变成了由红白相间的烟囱、宝蓝色的厂房、橘红色的卸船机连成的一座现代化燃煤电厂。

随着一个个码头的建成，一座座电站的崛起，钱雨麟在为偏远的小岛带去电力与光明的同时，也将我们的“工匠精神”远播海外。

吴惠娜

# 中国路桥项目上的“小黑炭”

## ——记中国路桥项目印尼办事处袁小聪

“小黑炭”把一生最美好的时光都献给了他所挚爱的事业，前十年为了天堑变通途他走遍祖国大江南北，近十年为响应习总“一带一路”号召而转战海外，未来十年我相信他仍将继续肩负使命，造福当地，续写人生的修路传奇。

“我宣布，印尼塔园桥今日正式通车！”2016年3月22日下午，在中国路桥工程有限责任公司承建的印尼塔园桥通车仪式上，印尼总统佐科维的声音激昂而又洪亮，这标志着印尼加里曼丹岛最长的大桥正式启用，结束了当地人依靠轮渡往来大河两岸的历史。

该桥将西加里曼丹省和中加里曼丹省的两条国道连接起来，使其成为名副其实的交通大动脉，在施工建设期间，佐科维总统曾亲临工地视察，对中国路桥施工建设印象尤为深刻，而此刻浑身晒得黝黑、站在佐科维总统旁边的“小黑炭”袁小聪，正是这座大桥建设的负责人。

袁小聪，1975 年 7 月出生，现任中国路桥工程有限责任公司印尼办事处总经理助理及梭罗路项目工作组组长。1997 年参加工作以来，他先后参与了厦门海沧大桥、江苏连徐高速、广州新龙特大桥、上海东海大桥、印尼苏拉马都大桥和塔园大桥的施工建设。在这近 20 个年头里，他始终坚守在施工一线，尤其在印尼塔园桥，三年多热带雨林深处的磨砺，他脚踏实地，一步一个脚印，取得一个又一个节点目标的胜利。

## 用行动说话

2011 年 11 月中国路桥工程有限责任公司中标印尼塔园桥项目后，“小黑炭”并未安排中方人员大规模进场，直到 2012 年 10 月，业主开工令下达后，他才安排人员有序进场，充分考虑到了印尼政府拖延的习惯，避免了前期资源盲目投入产生的巨额费用。

由于塔园桥项目所在地偏僻，物流交通不便，物资匮乏，他第一时间赶赴现场，与印尼当地板房老板商讨生活区规划、建设及进度安排事宜，不到 1 个月时间就建成满足 150 人住宿木质板房生活区，从而确保了国内人员按时进场、项目也如期开工。为确保工程顺利进行，降低工程成本，他带领项目人员跑遍西加里曼丹坤甸市所有五金店、机修店、超市及机械设备租赁公司，全面了解当地人、机、物、料价格，调研了第一手资料，各人机、物料成本亦烂熟于心。

在施工最攻坚的时候，他带头和工人打起了突击战，蹲点现场，各道工序严格检查，交代完各工点施工任务后，他专选最难啃的工点，爬高空指挥监督，鼓舞士气，和职工一道坚守在一线，他白天顶着骄阳烈日坚守在现场，晚上也总能在加班现场找到他的身影，在他的带领下，项目圆满完成了各项突击任务，全体职工都对他竖起了大拇指。

## 凭作品讲话

作为项目总负责人，他倾注了无数的心血和智慧。一系列的创优与创新，凝结成了大桥的生命之魂。他的一系列大胆创新，如主桥施工方法的比对，充分考虑 KAPUAS 河道宽窄不一，大型设备无法进场的实际情况，创造性地提出主桥主跨的钢桁架节段采用三段法施工，两侧的钢桁架节段采用浮吊悬拼的方法施工，中间节段采用提升塔和同步液压提升系统整体提升组拼完毕的钢桁架节段的方法施工。

塔园桥主桥钢桁梁采用的钢板厚度达 5cm，摩擦系数要求都很高，国内也很少使用。如何控制焊接变形和残余应力，确保摩擦系数达标，直接影响着桥梁的使用寿命。为此，他查阅大量技术资料，参阅国内外多种技术标准，组织国内钢结构加工制造专家以及一线工程技术人员进行仔细研究和工艺试验，针对该桥制定焊接工艺和质量检验验收标准，确保了钢桁梁焊接质量。

针对三段法中支架安全和精确对接等关键技术问题，他多方咨询，深入调查研究、组织专家论证，形成了切实可行的拼接方案和施工工艺，采取了一个个“预防措施”，使施工时做到了万无一失。

由于 KAPUAS 河上下游之间来往船舶较多，他注意到由此可能给桥墩安全带来风险，为此，他与业主有关领导多次前往雅加达，与业主总局领导诚恳沟通，得到了上头的高度认可和理解，最终推动上游防护桩的施工，使项目所有拆卸下来的钢管支架得到有效的利用，为中国路桥在该增项上赢得更多利润。

## 拿责任说话

南引桥桥面浇筑混凝土时，突然狂风大作，浓云密布，在工人们去库房找雨篷布的时候，瓢泼大雨倾泻而下，工人们正准备跑进集装箱躲雨，恰见“小黑炭”带着篷布跑了过来，他喘着粗气，撑起篷布，全身都淋成了落汤鸡，却丝毫不放在心上，工人们也见势干了起来，“小黑炭”又一边喊着把混凝土面收了，一面自己先捋起袖子，开干起来……说实话，如果当时“小黑炭”没有及时赶到，如果没及时送来篷布，那一晚上打的混凝土可就遭殃了。

在塔园桥项目实施过程中，“小黑炭”尤为注重和谐地群关系的构建，他带着大家帮助村民修建连心路，为 Junior 中学修建篮球场、排球场，参加各种社会福利活动，为烧伤重症患者捐款、帮扶村里的孤寡和贫困户、给当地病患免费送医送药、援建学校、开斋节给村民送上羊肉、牛肉、大米和糖果等，得到了当地政府和村民的一致好评。

进场以来，他非常注重年轻同事思想变化，长期出差在外，难免思乡心切，他经常找年轻同事促膝谈心，因地制宜地举办各种文体活动、想方设法地改善伙食，每遇有人生病，他会立即安排就医，从各个方面关心着身边的每个人。他用自己的行动，让大家在工地感受到了温情，也增强了项目部凝聚力。从2013年至2015年连续3年春节，他都在现场坚守岗位，将回家过年与家人团聚的机会留给项目部其他成员。

自从与施工事业结缘后，这些年“小黑炭”就一直在福建、江苏、广东、上海和印尼多地奔波，几个项目下来，40多岁的他已是白发暗生。他笑称，自己就像天空中的一片云，飘忽不定。对于家人，他心中满是愧疚，“于国有忠，于家欠责。对上不能孝养父母，对中不能宽慰妻子，对下不能亲育孩子”。然而，尽管为此舍弃了很多，他却从未后悔过自己当初的选择。他说，自己最大的快乐就是看到一条条高速公路的建成，一座座大型桥梁的架设，天堑变通途，改善了许多人的通行，拉近了你我他的距离！

# 印尼通 David Hou

——记中国交建四航局印尼项目组侯荣金

“有事没事找找 David Hou”这是中国交通建设股份有限公司所属四航局印尼片区项目劳工经常挂在嘴边的一句话。他们口中的这个很洋气的“David Hou”正是长着一副老实黝黑脸庞的印尼片区项目党总支副书记侯荣金。

“船机专家 + 印尼通”仿佛成了侯荣金的身份标签，“在印尼工作生活了七八年，他连长相都有点像当地人了。”同事们都这样调侃他。

跟随着中交四航局勇闯印尼市场的脚步，2004 年初，作为船机主管的侯荣金加入到四航局第一个印尼项目——占碑项目。占碑项目离岸有 7 海里远，50 多号员工都生活在船上，食物、淡水都是几天运一次，“当时一两个月才到岸上一次，脚踏实地的时候才发觉腿都软了。”这是他最尴尬最深刻的记忆。

船机管理要和当地焊工、船员等劳工接触，语言成了第一道槛，侯荣金利用字典和工作实际，从手势、肢体交流到掌握工程专业术语，熟练交流沟通，几个月就掌握了印尼语。

转战新加坡布星岛项目后，2008 年，侯荣金重新回到印尼，加入了英德拉玛尤码头建设。说起船机设备管理，他总有讲不完的趣事，最让他自豪的就是维修永腾 HHK-14A 液压锤，侯荣金把 23 吨的液压锤解体成数千个零部件并最终顺利将其修理投入生产中。在船机管理的过程中，侯荣金也养成了钻研技术的好习惯，设计电路板、制作自动打桩系统，当年三航局在马来西亚槟城参建项目还特意来印尼邀请他协助解决液压锤自动打桩系统。

2011 年，正在印尼 War-War 项目参与建设的侯荣金又面临着一项重要任务：配合桩 5 船组顺利从安哥拉调遣到印尼。当时公司租用了半潜驳并签订协议，从具备下潜 72 小时内必须将船组卸载完毕，不然将支付每天 6 万美金的罚款。侯荣金以熟悉的工作流程，以及与当地海事局、海警良好的关系，顺利完成了卸船任务，突出的工作能力也让他获得了当年二公司年度突出贡献奖。

要了解劳工的生活习俗、工作习惯，才能感知他们的想法，几年来的印尼船机管理工作，让侯荣金与当地劳工成了朋友，也得到了大家的信任，劳工们会经常打电话、发信息跟他聊工作，谈生活。“如今粤工拖 34 从船员到船长全部都是聘用印尼当地人”说着侯荣金还将船长给他汇报工作的手机信息递给我们看。

在项目前期调研考察或是船机调配中，他会在手机谷歌地图里标上红星并做好当地资源、环境的详细备注，为市场经营做准备。印尼海事局规定，所有进入印尼施工的船舶都必须转成印尼国籍，从标识牌到船舶证书，样样都不能少，如今整个印尼片区有 22 艘船舶，做好船舶调配、船员管理，确保船机安全高效投入施工生产是一项艰巨工作，“整个爪哇岛的海事官员都认识他 David Hou 了”。

作为印尼片区党总支副书记，项目管理、资源整合，队伍建设、企业文化等也是候荣金必须肩负的责任，“作为党务管理工作的菜鸟，但我有船机管理的信心和态度做好每一项工作。”David Hou 傻笑着说。

黄育波

# 经贸交往

# 印中友好的使者

——记原印中友协主席乌玛尔

原印中友协总主席乌玛尔（Umar）不幸于2015年4月11日上午在雅加达效外住家辞世，享寿84岁。乌玛尔老师刚于一天前从医院回家，病情较好转，他的儿子正安排陪他谈心，想不到因过去入狱重伤脑部旧病突发而突然辞世，来不及通知亲朋好友就举行安葬，入土为安。乌玛尔中文名为吴志曼，在中国北京大学深造时使用吴端仁，北大历史系毕业生，精通华语，写过大批优秀的论文在中国和印尼各大华文报刊发表，是印尼少有的中文政论学者，可惜生不逢时，一生历经风雨沧桑、蒙受残酷迫害，被苏哈托政权扣押8年，惨遭酷刑毒打，造成在困苦潦倒中勉强过日，病痛交加中度过晚年，确是大时代儿女的不幸。

## 父亲是先达知名官员

据韩英平女士说明，乌玛尔的父辈是荷殖时代苏门答腊岛先达市的知名高官，一向热爱中华文化，抗日战争时期曾协助和掩护在先达和苏北避难与从事抗日游击活动的王任叔、张楚昆等中国文化人，因此与王任叔等结成好友。抗日战争胜利，接着新中国成立，乌玛尔父亲大受鼓舞，他请求王任叔把两个儿子带回中国学习中文和锻炼，他也因此先把乌玛尔及弟弟送到新加坡学习华文。经过种种波折阻挠，到1950年中，乌玛尔及弟弟才抵达中国，开始进入学校。王任叔为乌玛尔取了一个中文名叫吴志曼，并告诉他“你一定要当中国人，因为如果你当外国人，他们就会把你当成外国人来优待。你回去是要为印尼人民服务，但是如果你在这里像外国人一样生活没意思，得不到锻炼。我不愿你这样做。”乌玛尔很感激王任叔当时的做法。结束在空军医院的学习后，乌玛尔参加了当时在中国轰动一时的土地改革。他被分配到广东省惠阳县水口乡参加土改。在那里，因为被视为中国人，他与工作队在贫农家庭里同吃同住，只有这样，才能真切感受到贫农的困苦。当时的条件极其艰苦。乌玛尔描述说，居住的那位农民家里很小，一张床就是父亲、儿子和他三个人一起挤，冬天特别的冷，生活费很少，18块、不到20块，也都大部分交给农民，与农民同吃同住。收割的东西也不够吃，就吃番薯藤和木薯混合的粗粮。平时还要捡狗粪、牛粪做肥料。因为房间小，捡回来的牛粪只能放在房间里，吃饭也在那里吃，要解手的时候就在门后面解决。就这样在惠阳县一带的村里待了两年多。那时，村里有一位孤老太太，吴志曼时常帮助和照顾她，她很感激乌玛尔，非常疼爱他，把他当儿子来看待。乌玛尔对她说“不要叫吴同志，叫我志曼就好了。”老太太在乌玛尔离开时哭得非常伤心。

## 进入北大念历史系

乌玛尔青年时在北京留影

土改结束后，乌玛尔更名为吴端仁。他被调到广州华侨补校进行管理食堂的工作。在大冷天里每天早晨5点骑着自行车去市场买菜。补校建好后，乌玛尔终于实现了自己读书的愿望。他进到了中山大学附协工农速成中学。那个学校有很多高干子弟学生，也有朝战的残疾军人，他们都被要求在三年内达到高中毕业的水平。当时大部分人都是小学毕业水平，乌玛尔虽是外国人，功课却比其他学生要好，中文成绩常常名列学校第一。后来，他被保送到北京大学念历史系近代史。

乌玛尔于1957年与韩英平在广州结婚，韩英平是泰国华侨，两人1958年到北大，在北京度过了一段愉快的时光。他们在北大有一套房子，他们的大儿子和二儿子在那里出生，并在北大后面的幼儿园念书。

## 8 年牢狱之灾乌玛尔谱写不一样命运之曲

1963 年乌玛尔回到印尼，夫妻二人都在新华—日新中学教书，乌玛尔参加了青年活动。1965 年 9 月 30 日，印尼发生了一场流产的“政变”，印尼的命运为之改变，也拉开了军事强人苏哈托长达 32 年执政的序幕。拥有军权的苏哈托接着宣布印尼共产党为非法组织，同时展开“清共”运动，从 1966 年开始，总共持续了 3 年之久。所谓“清共”，其实就是屠杀。美国中央情报局曾经把这段时间的印尼称为“20 世纪最惨的集体屠杀”，估计有百万名“左翼分子”被杀，另有近百万名未经任何审判被关进牢里，乌玛尔当时也无法避开这一遭遇。1968 年的一个宁而不静的晚上，七八名军人到乌玛尔家里搜查逮捕，他们不仅带走了乌玛尔，而且还没收了一些书籍以及毕业证书。为了避人耳目，蒙混乌玛尔判断力，他们用布蒙住乌玛尔的眼睛塞到车内，拐弯绕路大概两个小时之久。据乌玛尔回忆，那几名军官当时把他带到了 Tanah Abang，而那个地方离乌玛尔当时的住家很近。可想而知，他们的举动是在秘密进行着的。当乌玛尔到达监狱时，一同在北京念书的分别来自俄国、东欧等几个国家的同仁都已经被抓。

在监狱的日子苦不堪言，环境之恶劣不说，还经常遭受酷刑，承受了身体和精神上的折磨。尤其是乌玛尔曾经在中国居住 15 年之久，这样特殊的身份更是招来印尼军方的迫害，乌玛尔以及其他同僚被关狱后，并没有太多的接触，他们都被隔离开来，不能互相交流。

## 经历严刑拷打

由于乌玛尔的特殊身份，印尼军方对他严刑拷打逼供，经常用电流击，最惨无人道的是还被迫打双耳，导致耳膜流血，甚至不让看医生。韩英平说，他在监牢中遭受残酷拷打，脑部和胸部曾严重受伤。乌玛尔一直坚决不承认，因为他确信就算是不承认印尼军方也不会杀死他。随后乌玛尔被隔离到一间独立小暗房，条件很恶劣，小房间里被黑暗吞噬着，没有多余的光线，除了白天光线从缝隙里强钻进来之外，乌玛尔一整日就生活在黑夜里，一日三餐只从小洞里塞进来，过着没有人权尊严的生活。但是乌玛尔凭着顽强的毅力挺着，他相信总会有雨过天晴的一天。

当时，夫人韩英平每周可送三次饭食，才使他不致饿死。一段时间后，他依然不承认，印尼军方无奈只好把他送到了沙冷巴（salemba）大监牢，那是一个刑事犯监狱，里面的罪犯都是涉及抢劫、强奸等失去道德的社会败类，他们都已经被判死刑。乌玛尔与一名共产党军人一同被押到这个刑事犯监狱，从丹那旺（Tanah abang）监狱转移到沙冷巴监狱时带去的衣物、药品都被里面关押的囚犯洗劫一空，环境之恶劣相对于丹那旺来说更为严重，吃喝拉撒都在关着十多人的监狱里，当时天气燥热，却一个礼拜只能洗一次澡，监狱长让那些死囚帮提水擦身，有时候身上的肥皂都没洗干净就被监狱长用脚踢回监狱。在那里被关押了三个月，三个月以来都只是一套衣服，由于天气燥热，不能洗换衣物，加上食宿环境的肮脏，很多人身上长了很多湿疹，他也不例外。这是一个怎样的煎熬过程，只有当事人明白。

1970年，伦敦人权委员会对印尼政府关押政治犯提出了建议，要么审判，要么释放。印尼政府不得不对监狱里关押的这批政治犯做出判决。三个月之后，乌玛尔被转到了一大型监狱，与一些新闻记者、名人、文学家一百多人关在一起，一同等待审判。“这个时期相对于之前算是个相对轻松的时期。”他面对记者由衷地慨叹道，但是这所谓的相对轻松对于普通人来说也并不轻松。监狱里的饭很粗糙，而且里面掺了沙子令人难以下咽，很多人是先用水淘掉饭里的沙子再吃。但是他嫌麻烦就直接吞食。回忆这段历史他既激动又愤慨，他说：“饭菜差得连猪都不吃，为填饱肚子甚至从厕所里面抓了老鼠弄死之后烤来吃，也有个华人吃土里的蚯蚓。”他说虽然每个星期夫人都从家里送饭去，但是很多囚犯的家不在雅加达或者离监牢很远的，甚至是家里很穷根本送不起饭到监狱的，尽管自己也吃不饱，但他还是会把自己的那份饭菜与他们分享。如此这般没有人道的折磨，需要非常的毅力、非常的人才能承受，而乌玛尔及其他被关押的人他们做到了。

因为在监狱里关押着许多国家的政治犯，为了方便交流，或者说打发监牢里乏味的日子，他们都在监牢里进行异国语言的教学。许多国语言都可以教，例如法语、荷兰语、日语、阿拉伯语、德语等，唯有中文不能教，因为印尼政府认为中文是宣传共产主义的，为了杜绝一切与共产主义有关的环节，他们很谨慎也很忌讳。尽管印尼官方下发了禁令，但是他执着地进行了中文的教学，对监牢里的许多华人都有很大帮助，特别是如今还健在的哈吉先生，也是乌玛尔的学生之一。记者问乌玛尔：“当时政府已经下禁令了，难道您不怕被抓到受刑吗？”老先生开怀大笑，信心满满地回答道：“我当然不怕了，因为我有理由辩驳，语言是平等的，没有阶级性，为什么英文、日语都可以，只有中文不可以？英文也是宣传马克思主义的，英文更容易学，而且更普及，而中文学习难度高，只限于华人圈。这样印尼政府就没理由惩罚我了。”

1975年乌玛尔被释放，结束了8年的监牢生活。但是居民证上却僵硬地刻着“政治犯”这一刺眼的烙印，这段牢狱之灾也在乌玛尔的生命里烙下了深深的记忆。

因为居民证上盖上政治犯的印章，找工作很困难。1978年，乌玛尔辗转到加里曼丹好不容易在一个木场找到了工作。木场的工作很辛苦，他和工人们一起，在烈日炎炎下上山砍伐木材，每个星期排队领薪水。刚开始时乌玛尔不相信世上有这样艰苦的事情，辛苦工作了一个星期，到最后薪水还要排队来领。

但是现实如此，乌玛尔安慰自己用平常心态来面对。后来一次偶然的机会，先生认识了一个台湾人，台湾人吃惊他居然会讲华语，便和领导沟通让他做月工，待遇好了很多。乌玛尔在木场里一做就是三年。

## 恢复印中友协

印中友协成立于1955年。1965年政变以后，苏哈托上台，许多华社组织被破坏，印中友协也难逃厄运。领导人有的被抓走，有的被打死了。虽然没有被解散，但苏哈托政府控制了印中友协。1998年苏哈托下台，热爱中华文化，一心想促进印中关系发展的乌玛尔找来几位朋友商量，提出恢复印中友协的活动的建议，这一决定得到大家一致的支持。之后，乌玛尔迅速行动起来。他前往中国驻印尼大使馆，向当时的大使陈士球提出了恢复印中友协这一想法。大使告诉他，“可以恢复，但要政府正式承认你们”。

这是个大问题。这首先要得到印尼外交部的批准。而印尼外交部要求出示中央警察部、内政部、司法部和公安局的同意证明。为了能使印中友协得以恢复，乌玛尔反复奔波于这几个部门之间。当时先生很贫穷，没有足够的钱坐车，只能靠步行。一张证明书就是在他的这双脚一年多的奔波下得到了批准。印中友协终于可以恢复活动了！那么经费来源怎么办呢？乌玛尔想了想，他找了富豪郑年锦先生，郑先生一向热心公益，大力支持华教和印中友好。乌马尔说了他的计划，并对他说："请你帮这个忙。"郑先生同意了，并给予印中友协 1.7 万美金的资助。靠着这一笔资金，印中友协开始了活动，活跃于印中两国的民间交流舞台上。能够恢复印中友协，对于乌玛尔来说，实属不易。其一是因为曾被判为政治犯遭到排斥，连找工作都成困难，何况还要奔波于那么多个部门之间，其二是当时先生并没有什么名声，却要领导这件相关于国与国之间的关系的事情，三是当时先生很贫穷，在没有经济支持下依然克服困难成功得到批准。在热心华人如郑年锦、黄炳康等的资助下，2000 年 4 月，印中友协在香格里拉大酒店举行正式复会仪式，印尼的外交部长、林业部长以及中国、黎巴嫩和越南大使等很多重要人物都出席了。这出乎乌玛尔的意料，他不敢相信竟然有这么多政要出席。他在谈及成功恢复印中友协时感慨道，这都是因为有中国大使馆的支持，他非常感谢中国大使馆的支持和印尼政府的承认。正式复会后，先生邀请广州的歌舞团来访，他随着歌舞团跑了印尼很多地方，从加里曼丹到棉兰、泗水等。正是因为有乌玛尔这样的努力，活动一恢复便得到各地支持，并迅速发展壮大，现在印中友协已有 12 个分会。有一次，中国驻印尼大使兰立俊问乌玛尔，可以来你家拜年吗？乌玛尔受宠若惊，告诉他说今年没有准备，明年再来吧。

大使同意了。之后此事再无音信，乌玛尔以为只是随便说说也没太放在心上。没想到第二年，兰立俊大使又提出来了。乌玛尔很感动。于是，他便筹集资金，把小学里成绩好家里贫穷的 30 个孩子组织到家里来，让大使一个个发奖学金。为了印中友协，乌玛尔鞠躬尽瘁，竭心尽力。当问到组织印中友协最大的困难是什么时，乌玛尔感慨道，对于一个民间组织来说，经费的筹集是最难的。为了让协会维持下去，让每次活动顺利进行，乌玛尔经常奔波叩响富豪们的家门。他的朋友笑称道："你是一个很光荣的老乞丐。"对于乌玛尔的请求，泗水的林文光、陈大江等很多富豪都热心地给予资助，他很感谢富豪们的支持。每次拿到钱，他都会做一个开支单给资助人看并附上感谢信。

在乌玛尔的领导下，印中友协成为印尼的华社组织，为印中两国关系的发展做出了许多贡献。中国国际友好联合会、中国人民对外友好协会都与其建立了密切的关系。与海外教育协会都有友好联系。不仅如此，他还组织成立了一个中文教育委员会。他到访过中国很多地方，北京、上海、山东、福建……他到过哪里，印中友协的关系也随着他的足迹延长到哪里。印中友协与江西师范大学和广东的暨南大学等都有互派留学生留学等友好联系，江西师范大学的校长还曾到访，表示欢迎印尼学生到江西留学。"别人都说我成功，我自己也感到成功。因为我原本一无所有，白手起家。"乌玛尔笑道。

作为印中友协主席，乌玛尔对待中国来访的友人很热心，在他的帮助下中国组织的友人曾受到了时任印尼总统瓦希德夫人的接见。原江西省委书记、时任公安部长的孟建柱曾到印尼访问时受到他的接待，他曾托人向乌玛尔致谢，"谢谢他在印尼时这么热心的接待！"乌玛尔也因此受到了中国各界的尊重。中国外交部前部长李肇星曾对其进行访问，广西电视台曾到他的家里为他拍摄纪录片，北京方面派代表团对他进行采访。不仅如此，每一年中国的国庆，北京方面都会邀请他出席，至今为止乌玛尔已到过人民大会堂参加会议不下数十次。乌玛尔对中国有着深厚的感情，写了很多关于中国的文章在报纸杂志上发表。他喜爱中国的山河，曾游历过安徽、山东、海南岛等地方，先生说他最喜欢的地方还是山东，喜欢那里的孔庙。乌玛尔说，他希望印中两国的关系能够友好长存，万古长青。

乌玛尔夫人韩英平也是出色的印中友好使者，她默默无闻从事许多加强文化交流的工作。

如今，她与乌玛尔的子女们都已成才，拥有良好的事业，已有 5 位孙子，可称得上子孙满堂，毫无遗憾了，乌玛尔也可安息于九泉之下了。

李　全

# 推动中印（尼）友谊的铺路人

## ——记中国国际贸易促进会副理事长洪贵仁

印尼维查雅五矿煤电集团总裁洪贵仁

洪贵仁，在印度尼西亚工商界以及中印（尼）交流交往中，都可谓是“又红又贵”的人，既是“红人”，也是“贵人”，既卓越有成，又贡献良多。

1933 年出生的洪贵仁，已经 80 多岁，作为同龄人中少有的受过正规高等教育的企业家，他白手起家，以过人的商业智慧和冒险精神，建立起了一个以土地、矿产、能源及林业等资源为主的大型企业集团，且不断把集团带领到新的领域和高度，成为企业常青树。

作为与中国有深厚渊源，并担任中国国际贸易促进会副理事长、印度尼西亚—中国经济社会文化友好协会副主席、印度尼西亚—中国投资协会主席、印尼华裔总会名誉主席以及印度尼西亚民主福利基金会主席等职的社团领袖，他以突出成绩，成为推动中印（尼）关系友好的民间桥梁。

年轻时像明星，至今仍形象俊朗、风度翩翩的洪贵仁，嘴角常含着笑，不像是经历过什么沧桑的企业家。但他的事业江山并不比很多满脸沧桑的企业家来得容易。但他并不太喜欢去回忆过去的艰难，因为他总是在向前看，总是以乐观和阳光的心态看待这个世界。他呈现给大家的总是微笑与和善，不但把微笑与和善呈现给身边的人，也将微笑和善意奉献给整个社会和国家，不但奉献给印度尼西亚，也奉献给中国，奉献给印尼与中国两国的关系友好与繁荣发展。

## 祖籍的根在中华

洪贵仁祖籍是福建南安，1933 年 10 月 2 日生于印度尼西亚中南部西努沙登加拉省的龙目岛。洪贵仁是父母的第一个男孩，也是洪家到龙目岛的第三代长孙，他的出生令全家人喜出望外。与一些因为家乡民不聊生而单为谋生下南洋的东南亚华侨家族相比，洪家移居印度尼西亚的故事更富传奇。同治年间，太平天国起义领袖洪秀全被清廷悬赏通缉后，远在福建南安英都的洪氏家族也受到牵连，因而被迫远渡重洋，最终来到了龙目岛。

龙目岛与巴厘岛相邻，风景如画，美不胜收，海滩比久负盛名的巴厘岛更美。盛产稻米、大豆、花生等农作物，并以咖啡、椰子、丁香、茶叶和畜牧业著称，是印度尼西亚五大粮仓省之一。龙目岛的华人虽然在苏哈托时代华文被禁止了 30 多年，但几乎全岛的华人都能够讲华语，这和印度尼西亚其他地方的华人有所不同。

洪贵仁的祖父逃难到印度尼西亚时一无所有，孑然一身，靠出卖苦力为生。之后于唐人街开了一间土产店铺，专营原住民农作物和特产生意。洪贵仁的父亲洪双辉，头脑活络，虽上学不多，但靠自学熟知中国历史，口才很好，接手土产店的经营后，把生意规模扩大了很多。

洪双辉乐山好水、爱好广泛，早年经常带着全家老少到附近半山上的风景区苏拉那地游玩，也常带着孩子们到海中畅游，洪贵仁和几个兄弟也因此在大海里练就了一身好水性。他还喜欢唱歌，经常给孩子唱的是《渔光曲》，时刻提醒他们虽然生在小康之家，但千万不能忘记穷人生活的苦难。父亲的这种乐观很大程度上造就了洪贵仁的豁达。

因为性格开朗，喜欢参与社会活动，洪双辉还是当地著名的华人领袖，并被推选为龙目岛中华总会的主席。有一个例证可以证明他当时的影响力，20 世纪 50 年代末的一天，洪双辉买了机票坐飞机由龙目岛去雅加达，飞机起飞时，他去了洗手间，机场调度人员发现这个情况后，立即通过塔台让飞机返航接了洪双辉。

对父亲，洪贵仁印象最深的还是他对中国的热爱和赤诚。年轻时有一次，洪双辉到本地荷印政府办事处办事，听见移民厅官员污蔑中国为“支那猪”，顿时怒目而视，大声斥责官员：不许污蔑中国人，我们是中华！中华[1]，你难道不知道吗？官员被他的暴怒镇住了，不由喃喃地用印度尼西亚话说了句：对不起。这在当时，是少有的事情，因此被广为流传。洪双辉一直念念不忘自己是个中国人。他渴望岛上能代代传承中国文化，因此，他和岛上一些长辈带头捐资助学，办起了被官方称为“义学”、龙目岛华人称为“教人亭”的中华小学，教授中华文化，教科书则是从中国带去翻印的。

因为父亲的原因，洪贵仁从小就被安排接受华文教育。1940年春节刚过，7岁的洪贵仁便跨进了中华小学的大门，学习识字、珠算、记账、历史等。虽然在龙目岛可以学习中华文化，但在老一辈福建华人的心目中，还是祖国的教育水平高，后来，洪贵仁从中华小学毕业后，被父亲安排和姐姐梅花一起，回到遥远的故乡——中国福建，到当时被誉为“声名播四海，校友遍五洲”的中国名校——厦门集美中学上初中。

那是1946年，洪贵仁才13岁。当他漂洋过海来到这传说中的祖籍国时，可能不曾想到，他此后，都将在中印（尼）两国之间的穿梭往来中度过。

## 投资煤矿开采业

1985年3月，一位在苏门答腊岛明古鲁省拥有一处露天煤矿开采权的老板想要转让开采权，经朋友引荐后，洪贵仁买下了这

① 中华（Tionghoa），从中国移民到印尼的华人，自称中华人，1965年苏哈多上台，取消中华的称呼，发布条文一律需用具有歧视性的“支那”称谓，经过40多年的争取，2014年由苏西洛总统发布决定书，撤销“支那”的条文，再用回“中华”。

个煤矿。为了把事业发展好，初涉煤炭行业的他，开始对印度尼西亚煤炭行业的历史，政府关于煤炭开采、销售使用方面有关条文政策认真钻研起来。洪贵仁研究认为，投资煤炭事业，将是他人生的另一个起点。

因此，他开始自己找矿，成为印度尼西亚最早期的三个煤矿民族企业家之一。其间，他在美国念书的长子洪嘉驹也取得工程硕士学位归来并主动请缨。

嘉驹领命之后，与一位美国地质探矿专家一起，带领钻井队在明古鲁 81 个矿区中打了 300 个矿洞，最终找出了 4 个煤质储量最好的露天矿。洪贵仁买下了这 4 个矿的开采权，并决定采取分期分批投产的方法陆续开采。

他首先开采了其中一个矿区，并组建了苏努峰煤矿开采公司。1987 年 1 月 17 日，经过两年的试生产，洪贵仁的煤矿正式开业了。当天，印度尼西亚副总统、省长、中央要员都有参加开业庆典。煤炭事业是洪贵仁事业中的又一个重要转折点，并且为他今天的事业起到了最重要的支撑作用。洪贵仁从事煤炭生意 30 多年，虽然在投资初期，成绩平平，曾经历过 14 年的煤价低迷，有时还会亏损，很多朋友都劝他放弃，但他一直坚持至今，没有放弃自己的目标。

## 与中国合作开地下煤矿

2005 年煤炭价格随着国际原油上涨，洪贵仁的坚持迎来了胜利，他抓住机遇，与各国企业紧密合作，先后成立了任嘉尼镍矿有限公司、圣玛伦古苏玛铁矿有限公司等企业，把他经营的煤炭事业推想向了新高潮：他和英国公司合作，对第二矿区进行了开采，之后，他又与中国萍乡矿业集团合作开采第三矿井，第四矿区他和印尼国营电力企业子公司合作，共同供应印尼国电煤炭。

洪贵仁经营事业，不仅仅想到赚钱，他还想着怎样为民服务，他希望煤炭能为人们做更多的事情。

他要他的技术人员研究一种新型煤炭——型煤。型煤，是中国老百姓熟悉的蜂窝煤，在印尼尚属新鲜，洪贵仁希望可以把这种煤炭的品质提高到一张报纸就可以点燃的程度，环保的同时也可以照顾到印尼的穷人，随着燃油价格高涨，印尼的穷人已经难于负担高涨的燃油和煤气价格，烧煤则要便宜得多，因此产品投放市场会受到欢迎，并改变印度尼西亚乡镇成千上万的普通家庭用土油或煤气做饭的习惯，造福贫下阶层的民众。

洪贵仁希望将煤炭业务融入到更广阔的国际市场，他把集团拓展国际市场的重点目标锁定中国。他认为转型期的中国，能源战略向外拓展是必然的结果。中国知道国外石油市场不能太过依靠，因而把煤炭作为国家能源主体。如今，洪贵仁的集团已在此方面取得相当大的成果。

2006 年 6 月，洪贵仁通过参加江西省在香港举办的经贸活动周，代表维查雅集团与江西省萍乡市矿业集团，签订了共同开发印度尼西亚煤矿项目的合约；同时，他们还制定了包括兴建 4 台 5 万千瓦机组的坑口电厂和两台 30 万千瓦机组的电厂，及在苏拉威西岛开采镍矿及建立炼镍厂的愿景框架。目前，这一合作已取得显著成效。双方合作的一号井已成功投产，二号井和自备电厂项目进展顺利，萍乡集团还专门为此成立了萍乡矿业集团（印度尼西亚）有限公司。

## 与中鼎国际工程公司合作

2009 年 10 月，洪贵仁在第六届中国—东盟博览会上，与江西省煤炭集团公司旗下的中鼎国际公司签订了有关煤矿的合作协议书。中鼎国际是全球最大国际承包商 225 强之一，主营煤炭建设经营、电力建设经营、建筑安装及房地产开发等业务。洪贵仁希望通过此，加速旗下煤炭资源开发。

这些合作也引起印度尼西亚和中国双方政府部门的重视。2009 年 12 月 1 日，洪贵仁集团与中鼎国际工程责任有限公司合作，在雅加达婆罗浮屠大旅店为印度尼西亚明古鲁省（苏门答腊岛南部）煤炭地下井工开采第一矿正式投产，及投资 5000 万美元的煤炭地下井工开采第二矿自备电厂开工庆典。印度尼西亚内阁部长、统筹部长、商业贸易部长、工业部长、印度尼西亚明古鲁省省长都派代表，以及印中经济社会文化合作协会等参加。嘉宾们一致对印（尼）中双方，以及江西煤炭业与维查雅集团的合作前景充满信心。大家认为，两大集团强强联手合作开发的明古鲁煤矿和自备电厂项目，取得了巨大的成功，将为印（尼）中双方的合作树立一个榜样，进而推动印（尼）中经贸的更深入发展。同时，这些合作也将为印度尼西亚煤矿资源的大规模井工开采和煤电业的发展开辟广阔道路，进而有利于印度尼西亚的经济发展。在包括素有印度尼西亚"荣毅仁"之称的印度尼西亚方苏甘达尼博士等嘉宾的共同见证下，洪贵仁还进一步与中鼎国际董事长胡立俭签署了科拉卡镍矿项目合作的框架协议，为双方的合作再开新篇。

有了煤炭之后，洪贵仁还围绕矿产资源开展了镍矿、铁矿等矿产多元化经营。如今他的集团已拥有铁矿1000公顷、镍矿5000公顷、锆英砂4000公顷的开采权。也正是围绕着这些事业，洪贵仁组建了著名的维查雅五矿煤电集团。

除了引入中国企业到印尼投资发展，洪贵仁也带领印尼企业到中国投资发展。2009年11月洪贵仁与印度尼西亚地产开发集团CIPUTRA GROUP和中国浙江省嘉兴市市政府，签署了总投资近5000万美元、合作开发建设麟湖项目的协议，并由其长子洪嘉驹代表印度尼西亚两方和浙江嘉兴市政府签署了协议。他们建的公寓共有七栋面向小西湖，风景优美，交通便利，受很多人青睐。

2015年1月出售的7座大楼。大楼的正面向麟湖，后面向大路，左边向公园，右边向嘉兴市著名学校。

## 延续梦想，进入电力领域

20多年前，洪贵仁拥有一个梦想——进入电力领域。1982年，洪贵仁曾专程前往北京与中国电力部和机电部探讨合作开发印度尼西亚最大发电站事宜，也曾陪同印度尼西亚前能源部部长到中国参观上海电力机械制造公司。1990年，当时的中国机电部长何光远到印度尼西亚访问，也就此事登门拜访了洪贵仁。只不过，当时中国电机未达国际标准，不被印度尼西亚政府接受，因此便改用英国、日本、美国的电站设备。

1997年9月，洪贵仁与日本Sumitomo公司、英国PowerGen公司及美国Morrison Knudsen公司兴建2×300MW燃煤电站，融资额达6亿美元，并与国家公司签订了建厂和售电合同。可是就在工程要破土动工之际，规模空前的亚洲金融风暴开始了，印度尼西亚损失惨重，货币大幅贬值，电价必须提高5倍才有钱赚，虽然此前政府已与他签订了合同，但购电合同用美元支付已无力为电厂提供差价补贴，因而印尼总统不得不要求他的工程及别的外资电站工程全部暂停。

虽然电站工程停工，但是地皮还在，洪贵仁在印度尼西亚西爪哇万登省西岭（Serang）区的地区，向着大海，如今印度尼西亚经济复苏，电价不断提升，电厂已经可以有比较多的利润了，而且电力出现紧张局面，于是很多企业都看中了这块地区，想要建发电厂。希望有一天，洪贵仁可以重启这项事业。

展望未来，洪贵仁希望在中国与印尼之间促成更多的经济贸易合作，为这两个亚洲新兴经济大国的发展做出更多贡献。这对于他来说，既是商机，也是使命。

依靠土地、自然资源、能源这三个生财之道，洪贵仁获得了巨大的成功，成为著名的企业家。回顾自己的创业道路，他感慨地说，一个人要创业，必须对与创业有关的任何事情怀着强烈的兴趣和成就感。创业的爱好甚至天分，都是可以后天培养的，但如果把自主创业当成一桩苦差事，那还是打工更好。洪贵仁认为：“应该把企业的成长当成一个艺术品来做，这样才会有成就！”

## 无私奉献，回馈社会

先后做过十多种不同行业，几经沉浮，始终百折不挠，并与时俱进，洪贵仁最终打造出一个大型企业——印度尼西亚维查雅煤电集团，成就卓著。

事业成功之余，洪贵仁不忘回馈社会，他担任印尼—中国投资协会总主席，印中经济文化友好协会副总主席、中国对外贸易理事会副理事长、印尼华裔总会名誉主席、印尼中华总商会名誉主席等诸多社会公共职务。

洪贵仁有句话：“一人富不如大家富，更不如印中两国共同富强。”为此，他一直致力于加强印中两国的友好关系和交流，并将印（尼）中经济社会文化友好协会作为他实现这个目标的最佳平台。

印(尼)中经济社会文化友好协会在印(尼)中关系发展史上具有重要的地位，1985 年 7 月，协会与中国有关方面在新加坡签署了关于直接贸易的谅解备忘录，后经两国政府批准，直接推动了两国经贸关系的发展，为两国恢复中断 23 年之久的外交关系起到了巨大作用。

洪贵仁于 1992 年被推选为该协会副主席，上任伊始，便策划邀请了时任中国副总理李岚清到印度尼西亚访问。同时，他也积极说服印度尼西亚内阁成员，促成印度尼西亚矿业部长访华，在陪同访华的过程中，他凭借与中国方面的特殊关系，使此次访华化解了许多矛盾，取得积极成果。

2004 年，洪贵仁还被 20 多个分会负责人高票推选为印度尼西亚—中国投资协会主席。印度尼西亚—中国投资协会是在印(尼)中经济社会文化友好协会统筹下，专门负责和中国企业打交道的机构，并获得政府内阁的支持。洪贵仁是几十年来担此职位的第一位华人。就职时，时任印尼经贸部长冯慧兰和一批政府要员亲自赶来祝贺。在就职仪式上，洪贵仁深情地说，因为受到两国双重文化的教育，他热爱印度尼西亚也关心中国，有责任和义务积极协助政府开创两国互惠合作的新局面。

这些年来，洪贵仁每年都组团到中国考察访问，为两国企业和民间组织牵线搭桥，把中国有实力的企业介绍到印度尼西亚投资，也把印度尼西亚的企业家推荐到中国发展。在中国，他总会告诉中国朋友，印度尼西亚不是一个小国家，它是一个地大物博、人口众多的大国，资源极为丰富，而且几任总统都看好中国，他诚恳地提醒中国企业家，到印度尼西亚投资风险与机遇同在，要考虑中间商的情况，还要弄清印度尼西亚法规。同时，他也积极邀请中国的文艺团到印度尼西亚演出，并派出印度尼西亚艺术代表团，前往中国去加强文化交流，大大增进了两国人民的了解和友谊。

洪贵仁还担任着印度尼西亚民主福利基金会主席。该基金会担负着组织、指导、协调和实施慈善捐助、扶贫济困的职能。作为主席，洪贵仁每年投入很多精力和金钱到基金会中。2004年12月26日，印度尼西亚亚齐省发生里氏9级地震并引发海啸，造成印度洋沿岸各国人民生命和财产的重大损失，印度尼西亚亚齐省更是损失惨重。百余个印尼华人社团踊跃赈灾，其中包括洪贵仁为副总主席的印中社会经济与文化合作友好协会，组织捐款达100多亿盾，为这次海啸救灾做出了巨大贡献。

除了在印度尼西亚开展社会公益和慈善活动外，洪贵仁也投入很多心血到中国的社会公益事业中去。每当中国发生天灾人祸，他就会以自己企业集团的名义给中国寄钱去；每当遇见求助于他的中国人，他都会尽力帮助；每当来印度尼西亚的中国人申请到他的企业做事，他都会毫不犹豫地安排。曾有在他的企业工作了几年的中国员工想见见世面而自动离职，但几经周折，未能找到合适的工作，洪贵仁托人转告：只要在外不顺心，任何时候都欢迎回来，员工们无不深受感动，私下称他“红太阳”。

在公益上肯花大钱的洪贵仁，自己的生活却相当俭朴，从不铺张浪费，对子女要求非常严格，吃饭不能剩下一粒米。有人曾问洪贵仁，为什么如此乐善好施？为什么在经商之余，还要花如此大的精力去促进印中两国的经济、文化交流？

他笑笑地回答：“我这么做，很简单，只是一个理由，我来还我欠下中国的‘人情债’。”从1950年开始，洪贵仁在中国上海中学3年及上海财经学院4年，整整7年，读书没付分文学费。他还在读书间隙，结识了与自己相濡以沫半个多世纪的妻子蒋蕴华，多年来，无论他身在何方，处境如何，蒋蕴华不离不弃，始终陪伴在他身旁，照料他的生活，把4个孩子培养成人，是他坚实的左膀右臂。1978年冬，洪贵仁夫妇回北京，受到中央人民政府侨务办公室亚洲司的热情接待。

中国的这些关怀，让洪贵仁非常感动，也让他总觉得自己欠下中国很多的“人情债”，而他则是要设法还清这笔“债”。因此，他总是怀着这样一份朴实的情感，在印(尼)中两国工商和经贸间甘当桥梁，发挥作用。

洪贵仁的这些努力和成绩赢得了中国最高领导人的好评。中国几任国家主席都曾经接见他,邀请他,感谢他长期以来为中印(尼)两国经济、文化交流所做的贡献，希望他再多投入一些时间和精力到中国去，把到印度尼西亚投资需要注意的事项，介绍给中国企业家。洪贵仁说，就是把自己全部捐给中国或印度尼西亚，都是微不足道的。但真正有意义的是，要把自己对两国经济情况的把握和了解宣传出去，做印(尼)中两国经济的桥梁，发展印(尼)中两国经济及友谊。而他，还将怀着更大的善意和诚心继续做好这件事。

凭借突出的创业成就和社会贡献，洪贵仁也得到了社会高度肯定。2008 年 12 月 14 日至 15 日，亚太华商领袖(印度尼西亚)高峰论坛在雅加达隆重举行，洪贵仁即作为印度尼西亚商界贤达受邀出席会议，并于大会上获颁荣誉奖项。2011 年 9 月，在广东省肇庆市世界华商领袖大会“亚太华商养生与旅游峰会”上，洪贵仁作为全球 15 位杰出华商代表之一，获得“2011 年亚太最具社会责任感华商领袖大奖”，表彰他为回馈社会所做的贡献；2011 年 10 月，洪贵仁荣获“Ciputra 最佳合作嘉奖”，表彰印尼维查雅煤电地产集团、上海麟湖建设开发公司和基布特拉集团的成功联营和圆满合作；2011 年 12 月，在江西省南昌市举办的“中鼎国际集团”成立 5 周年庆祝大会上，江西省洪礼和副省长亲自向洪贵仁先生颁发了“最佳合作伙伴奖”，以表彰他为江西省经济社会的发展进步所做的突出贡献。

袁　霓

# 一心促进中印交流

## ——访印尼台商协会副秘书长赖剑文

赖剑文先生祖籍广东梅县，父亲早年便来到印尼。说起自己的父母，赖先生感叹道："父母真的是孩子最好的老师。我对中国这种归属感受到了父亲极大的影响。记得从20世纪60年代开始，与中国有关的所有东西在印尼都变得异常敏感，特别是语言文化，但在家里没有外人的时候，父亲也会冒着风险教我一点简单的中文词汇。对中国的语言文化的这种模糊接触激发了我对中国的一种好奇感和向往。到后来，记得是1990年，中国国务院总理李鹏应邀正式出访印尼，这是两国断交23年后中国领导人首次访问印尼。李鹏总理的这次出访也受到了印尼政府和民间的高度重视，得知这个消息后，父亲在那天很早就从工作地骑自行车返回到家里，把电视调到直播新闻台。当电视里响起中国国歌《义勇军进行曲》时，父亲的眼泪直接掉落了下来，父亲说：我几十年了，都没有再听到过这首歌了。这件事对我的影响极大，让我对中国越发的好奇，我不知道这个国家的什么吸引着父亲。在我心里便萌生了到中国去看看的想法。"

我想中国文化也许是这个世界上最顽强的文化，它将文化的印记深深地烙在人们的心里，不管海外的游子离家多远或是多久，他们的归属感始终不会丢失。赖先生虽然对中国的接触远不像其父辈一样深刻，但这浅浅的“一面之缘”足以唤起心中炎黄子孙的情绪，血液也会随之沸腾起来。在 2000 年，赖先生终于回到了神往已久的中国。赖先生说：“我最开始的打算是在台湾工作，但是我自己的语言底子实在太弱，虽然从父母那里学了一些简单的汉语词汇，却不能满足工作生活中在语言上的需求。于是我来到了一家语言中心学校进一步学习中文，通过对中文的进一步了解认识，我的兴趣越来越深。于是我开始更加广泛地学习中国文化，包括历史政治等。后来在一次机缘巧合下，我抱着试一试的心态去报考了台湾大学，我竟然通过了。但我的年龄在同届的学生当中可以说是最大的。但我的同学们都很支持我，有不懂的地方就向他们请教。在这样良好的学习环境下，我在 2011 年取得了学士学位，并且在后来取得硕士学位。”在学校读书期间，赖先生也不是两耳不闻窗外事。当时也有很多印尼人在台湾工作，由于语言不通，他们在台湾会遇到很多问题。赖先生尽可能地帮助他们。

在取得硕士学位后，赖先生开始规划着以后的人生途径，赖先生面临两个选择。一个是留在中国台湾工作，一个是回到雅加达。在思考很久后，赖先生最后决定回到印尼。赖先生说：“我在台湾生活了 10 余年，对期间的文化和工作都比较熟悉，虽然留在那里对今后的发展很有帮助，但我那时想到的是既然在中国台湾的印尼人会遇到各种各样的问题，那么在印尼的中国人也会遇到相似的问题。所以我想回到印尼帮助在这边的中国人。”回到印尼后，赖先生最开始在 cikarang 工业区做顾问，因为在

cikarang 工业区刚好有一所国际大学总统大学，里面有着很多从中国来的学生，赖先生为了解决这些学生在学习生活中遇到的困难，就自愿担任起了中国学生联络人。并在学校里执教起中文和国际关系。

在这之后，赖先生还担任了印尼台商协会的副秘书长。印尼台商协会主要是负责联系那些在印尼做生意的台湾商人，并为他们提供所需的关于印尼的资料信息，并在其需要帮助时伸出援手，协助他们解决相关的困难。赖先生说："我做的这些虽然微不足道，但是我想成为中印交流桥梁中的一部分，和其他和我有相同志向的人一起，促进中国和印尼在文化经济上的交流。一个人的力量小，但只要我坚持不懈就会有越来越多的人加入我们，到时便能众志成城。"

赖先生说，他现在已经申请到了台湾大学保读博士学位的机会了，在不久后他将进一步加强自己的学术水平，学成归来后为中印交流贡献更大的力量。相信将来赖先生一定能够如愿以偿的。

彭亚飞

# “一带一路”中的青山工业园

——访浙江总商会会长伍晋斌

在世界上有这样一个群体，他们被称为世界上唯一可以和犹太人比肩的群体，是世界上财富积累最快的群体，也是世界上最懂得积累人脉的群体，是世界上最能创业赚钱的群体，是世界上最敢冒险从苦难中寻求财富的群体，也是最团结的群体，他们就是——温州商人。

出生于1964年的伍晋斌是个典型的温州商人，年轻时就开始从事生意，他走南闯北，一心为了生意四海为家，即使不懂一丁点儿英语，还毅然只身闯美国，摸爬滚打整整7年。2002年又辗转印尼做起了矿产生意，至今已有十三载，其实你问他做过哪些行业，多得使他都记得不清楚，只能笼统地说，只要有商机的地方就有他的身影。

聪明的人就是不一样，2009年，他受朋友所托，请他在印尼带点东革阿里回去，这些所谓的“南洋人参”拿回去一用还真有效果，这件事便深深地勾起了伍晋斌的兴趣。当时东革阿里在印尼到处都是，扔掉烧掉都不足为奇。他想：“东革阿里有这么好的效果，要是稍加改造，应该会有更好的效果，于是他就大量收集东革阿里，至今已有 5 年，并投入身心去研究，并组织团队。如今他在印尼，中国香港和青岛都建有公司，做到三点一线，实现收购一手货源，研发新产品，销售面向全世界，三个环节紧紧相扣互相协调。如今，印尼东革阿里已受到了大家的喜爱，不仅是中国人，还有当地印尼人，到处都有卖东革阿里的，80% 中国人回国都要带上一点。就从这件小事中我们可以看出伍晋斌超前的意识和精明的商业头脑。

中国有句古话叫作：“众人拾柴火焰高。”哪怕是商场上能征善战的温州人出门在外也得抱团，伍晋斌告诉记者，民营企业并不像国企那样有雄厚的资本和实力，只有大家合力抱在一起，互相帮助才能在商场上博得一席之地。在印尼也有浙江总商会，会中 70% 是温州商人，伍晋斌担任会长一职，他说，印尼浙江总商会在印尼算是一个新的社团，成立不到 5 年，不如广东、福建社团已有百年历史。但浙商在印尼创业投资热情不减。经过多年艰苦拼搏，浙商已在印尼商界取得一定地位。2013 年习近平主席访问印尼，提出举世瞩目的“一带一路”战略。印尼是“一带一路”沿线上的重要国家。习近平主席一年半内，两度造访印尼。这为在印尼发展的浙商提供了巨大商机。浙江省商务厅领导亲自带团访问印尼浙江总商会，同在印尼浙商座谈交流，阐述“一带一路”的重要意义，并宣介相关配套政策支持。这增加了浙商在印尼创业发展的信心。

在“一带一路”战略的影响下，浙商也在积极探索投资思路，摸索出了一条将传统行业与互联网发展相结合的发展模式，促进中印尼贸易便利化。一方面，印尼浙商投资集团与义乌海外仓合作，在印尼保税区设海外仓，不仅降低了印尼小批发商的

浙江总商会会长伍晋斌

进货成本，更提高了中国商品的价格和物流优势。另一方面，还与杭州某投资公司合作，借助浙江省阿里巴巴互联网电商平台，把印尼优质产品，如“wu 牌”东革阿里、向天果、燕窝在国内进行推广，在印尼驻华大使馆帮助下，把货物从印尼运到宁波保税区、萧山保税区，再从那里发货至天猫、聚划算等电商平台进行销售。

在印尼的浙商确实享受到“一带一路”战略带来的发展机遇。浙商们也感受到，国家推出“一带一路”政策并不是口号，还有巨大的资金政策支持，丝路基金，亚投行，这些都会使浙商们创业提速发展。

浙江青山控股公司在印尼投资 28 亿美元的青山工业园区，正是在“一带一路”政策资金支持下开工的，目前这一项目已进入二期建设。完成后，这一工业园区将成为世界最大镍生产园区，这就是“一带一路”资金政策支持的具体体现。它不仅给浙商的发展提供了支持，也给“一带一路”沿线国家带来经济的发展，提高人民的生活水平，增进了两国和两国人民之间的友谊。

晏　江

# 阿里巴巴在印尼

## ——记阿里移动事业群印尼分公司

阿里巴巴移动事业群，以移动互联网领军企业UC优视为基础，整合阿里巴巴集团相关优势资源组建，旗下拥有UC浏览器、神马搜索、九游、阿里文学、PP助手等多个行业领先的移动互联网产品及平台，为用户提供多领域、全方位的移动互联网服务。阿里移动事业群专注移动互联网业务创新，致力于打造简单、可信赖的移动互联网信息服务平台，用技术和数据创造变量。

UC浏览器是UC优视的核心产品，全球用户已超过5亿，日活跃用户突破1亿，是阿里巴巴移动事业部旗下核心产品。UC浏览器现已覆盖了Android、IOS、Windows Phone等主流移动操作系统，200多个著名品牌、超过3000款手机及平板电脑终端均可使用，并于2014年推出了PC版。2015年8月20日，UC浏览器于北京举办 11 周年庆典，发布第三代浏览器和全新品牌 slogan“给的再多 不如懂我”，充分诠释了全新UC基于大数据分析用户兴趣，懂用户所需的产品特性，又传达了年轻一代不缺宠爱，唯求懂得的普遍心声。2015 年，UC 将以崭新品牌形象开启新征途，做最懂你的 UC。

2012 年 UC 浏览器已经在印尼拓展业务，2014 年 10 月正式设立印尼办事处。提起 UC 浏览器，了解的人都会想起那只可爱的小松鼠，看到这样的小宠物布偶时都忍不住想摸一摸。记者了解到，之所以选择松鼠作为商标是因为松鼠这种小动物身体娇小灵活，速度较快，这一点恰巧与 UC 浏览器的特点相吻合。UC 浏览器是一款全球领先的智能移动浏览器，具有智能、极速、安全，易扩展等特性，让您在阅资讯、读小说、看视频、上微博、玩游戏、网上购物等都能享受最流畅的移动互联网体验。

UC 浏览器除了在网络杂志等媒体上打广告之外，最重要的推广方式是口碑营销，好的产品客户用了之后就会分享给朋友，靠这种一传十十传百的营销方式，使 UC 浏览器在印尼站稳了根基。目前已经研发出了印尼语版的 UC 浏览器，本地客户再也不用发愁用不到好的产品了。

UC 浏览器选择印尼这个新兴市场是因为印尼人口多、发展快、年轻用户比较多，还有一个重要的原因就是印尼的互联网发展与中国有 3 到 5 年的差距，中国的发展模式更适宜东南亚，因此也更容易预见未来的发展情况。

据了解，UC 浏览器的主要发展手段就是产品本土化，打造真正适合本地人使用的产品。比如说印尼的网络速度比较慢，信号较差，那 UC 浏览器就根据这一问题设计出速度快省流量的产品供大家使用。UC 浏览器在印尼面临的最大障碍就是互联网产业还不成熟，支付条件差，严重影响良性互联网生态圈的建设。另外就是政府的贷款政策还不完善，使急需资金的企业不能正常开展业务。

阿里移动事业群　印尼分公司总经理钟伟

国际化方面，UC优视已成为中国互联网产业的新一代领军企业。公司目前服务于150个以上的国家和地区，发布了英文、俄文、印尼文等11个语言版本产品。目前UC浏览器海外用户超过1亿，在亚洲和非洲的多个国家取得了市场领先，不仅在全球第二大人口国家印度市场份额超过41%，已经成为印度市场第一大手机浏览器，同时也在2015年3月成为印尼第一大浏览器，市场份额超过28.5%。现在在印尼的市场份额已达到40%。至此，UC已经在亚洲三大人口国家中国、印度、印尼成为第一。为进一步推动产品的本地化，加强上下游合作，公司已先后在印度新德里、美国硅谷、印尼、越南等处设立了分公司或运营平台。

喜欢一个企业，除了它跟自己的梦想相匹配之外，更重要的还是爱它的企业文化，UC用目标导向、看结果的方式来管理队伍，在UC这个不断壮大的集体里，聚集了一批充满梦想的志同道合的年轻人，把激情、快乐作为本色，简单、快乐是他们的天分，每一个 UC 人伴随企业的成长不断成长，热爱工作，享受生活，期待着梦想成真的那一刻，同时更真真切切地分享着这一激动人心、平凡却伟大的过程。UC 浏览器称自己的文化为“大五文化”，因为希望延续大学时代那简单、纯朴的同学关系和班级氛围，因为相信这种氛围能够给员工带来快乐的心情和愉悦的状态，希望每一个人与 UC 一起奋斗的过程是他人生最美好的时光。

姚　姚

# 源自中国　改变世界

——记中国民族企业申鹭达

最近听到很多声音说中国货就是便宜货，质量不可信，现在本作者要澄清这一误解，中国产品的质量问题不单单是中国一方的问题，若要追究根源，国外一些代理商有很大的嫌疑，他们低价进口低档产品，以高档产品的价格卖出，欺骗消费者，损坏中国企业的名誉，让中国人民来背黑锅。一本万利的生意是做不长久的，中国民族企业申鹭达脚踏实地，专注中国卫浴 37 年，书写着中国卫浴崛起的不朽篇章。

申鹭达卫浴始创于 1978 年，位于南安市恒阪基地，系由申鹭达集团有限公司发起成立，是一家专业致力于水暖、卫浴洁具研发和生产的企业并汇集了一批卫浴洁

具研发队伍，依托科技创新优势，重点开发高品质的水暖产品。现已有数控恒温水嘴、陶瓷片密封水嘴、电子感应洁具、淋浴花洒、冲洗阀、卫生陶瓷、智能马桶、浴缸、淋浴房、浴室柜、不锈钢水槽、浴室挂件、五金配件、工业阀门等100多个系列产品。企业的综合实力稳居国内同行业前列，是目前规模较大、专业水平较高的大型卫浴水暖产业集团。1998年在行业中率先通过英国皇家UKAS认证中心ISO9002质量管理体系认证，2002年8月进行了ISO9001：2000换版；2014年5月25日被评为中国500最具价值品牌，37年的发展申鹭达获得国内、国际认可的不下上百项殊荣。

申鹭达（印尼）有限公司（PT.SUNLOTINDONESIA）在谢建华总裁的带领下，经过8年的发展，已经扎根印尼，拥有实体店20多家。2013年3月12日申鹭达（印尼）有限公司（PT.SUNLOTINDONESIA）获得印尼标准SNI证书，2014年11月11日申鹭达（印尼）有限公司（PT.SUNLOTINDONESIA）以其始终如一的品质荣获“2014年度印尼商业与公司最佳质量奖。”现在进入印尼建筑材料供应商年鉴网站www.sispro.co.id，显示在第一页第一位的就是申鹭达的标识。

本着真正打造民族品牌的信念，申鹭达一如既往地坚持以科技振兴民族卫浴业，以科技创造更加优质的用水生活。1993年，在中国率先采用“东方红”三号通信卫星陶瓷片研发成功陶瓷阀芯，填补中国国内的技术空白，改写水龙头发展历史。2004年成功研发出新型节水器——横流水龙头，并获中国国家专利，该产品在同等条件下节水达60%，在国内国际上属于首创。2007年，成功研发数控恒温水龙头，填补中国国内、国际技术空白，成为国家标准的制定者。申鹭达的产品设计，简洁典雅，凸显时尚品

位，室内装修色泽温和，让人有种温暖舒适浪漫的感觉。

申鹭达内部采用制度化管理，一切按流程办事，权责分明。目前已经形成完整的管理体系。总裁谢建华鼓励员工经常走出去了解市场行情，并以身作则，起带头作用，积极联系客户，工作期间有一半的时间都在跑业务。

一个人可以走得很快，但是一个团队可以走得更远。谢总表示，申鹭达将联络雷士照明、马可波罗等知名企业，设立综合性大型店面，充分考虑企业优势，高效率利用资源，达到共同发展

申鹭达（印尼）有限公司

的目的。印尼经济发展要靠基础设施建设，目前谢总正在致力于联络建筑建材行业的同胞，成立建筑建材行业协会，把优秀的中国企业联合起来，共享商机，同时也为来自中国的中小企业提供实实在在的帮助，毕竟一个人的力量是非常有限的。

# 华文教育

# 只为中华文化薪火相传

——访雅协蔡昌杰老师

## 雅加达华文教育协调机构

在雅加达北区，有这样的一个写字楼，它是一排店屋的一个单元，一共 4 层，约有几百平方米，办公室、接待室、图书室、培训大厅等办公、教学、培训设施一应俱全，这里就是雅加达华文教育协调机构（简称“雅协”）的办事处，大约有 10 多人在办公，地方稍显局促，麻雀虽小五脏俱全。蔡昌杰和他的几位同事在一个 20 多平方米的办公室“合署”办公，用办公桌椅半隔断出“巴掌”大的一块地方，职员的办公位置则是密密麻麻一个挨一个，共有十二张桌子，每张办公桌摆一台电脑。三楼培训大厅的讲台墙面上，用贴纸贴出了蔡昌杰拟定的口号，反映了这个机构的工作宗旨：“印尼的华文教育不仅仅是华族的工作，更是印尼全民族的事业，让我们通过华文教育，促进印尼各民族和谐，为建设繁荣富强的印尼而共同努力。”大厅的侧面挂着数面锦旗，是他们历年来所获得荣誉的一部分，但因为空间狭小，不能都拿出来展示。

这就是雅加达华文教育协调机构的办公室。在这里，以蔡昌杰为首的执行委员会组成协调机构的工作团队，主要负责协调促进印尼全国的华文教育工作，如跟各省华文教育协调机构沟通，推动各省地方华文教育工作，协助印尼教育部华文教学大纲和华文教材模板的编订，并编写华语科目考试大纲及其试题。教师引进、培养、培训，教法研究交流，开展汉语教学活动，组织全国汉语考试工作，推动全国各省的汉语桥大中学生的预赛工作，负责组织和举办印尼全国汉语桥总决赛。工作对象为大中小学幼儿园、孔子学院等汉语教育、教学机构，但又不限于教育范畴，对社会各界的汉语教育和所需汉语人才的培养都肩负指导、协调、促进的职责。中国国家汉办委托这个机构对印尼选派的汉语教师志愿者进行联络管理工作，同时，也是印尼教育部指定作为对申请中国汉语教师志愿者的学校进行筛选的机构。

## 雅加达华文教育协调机构的灵魂人物蔡昌杰

雅加达华文教育协调的龙头，是蔡昌杰老师。

蔡昌杰 1947 年出生于苏门答腊岛占碑省的一个知识分子家庭，祖籍中国海南，是第二代华裔，从小在当地华校读书，饱受中华文化的熏陶和洗礼。14 岁初中毕业后就在当地华校教书，从此与华文教育结下不解之缘。20 世纪 60 年代华文教学环境恶劣的白色恐怖严酷时期，华文华语被禁、华校被封，印尼华人面临失去文化之根的威胁。为了让失学的学生继续学习中华文化，他

蔡昌杰

冒着逮捕坐牢，甚至生命的危险与印尼监管部门斗智斗勇，带着数百名学生转换阵地，坚持学习。为了使华文教育薪火不灭，蔡昌杰白天上班，晚上做家教，风雨无阻地坚守华文教育阵地。

他后来移居雅加达，开始经商，但他血液中流淌着对华文教育的热爱，让他又再投身教育事业，20世纪末印尼进入民主政治改革时代。随着中国和印尼交流的密切，中国经济的快速发展和国际影响力的提升，华文教学如雨后春笋般蓬勃复兴，成立一个统筹和协调印尼全国汉语教学工作的机构是当时的普遍呼声。于是，2000年，在“长青会”的主导下，蔡昌杰和几位华文教育工作者积极地推动了雅加达华文教学协调小组（雅协的前身）的诞生，蔡昌杰被推举为副秘书长兼汉语考试处主任。经过三年的奋争与努力，完成了第一阶段的整顿改革，正式取名为“雅加达华文教育协调机构”，于2004年初举行了震撼全国，乃至东南亚的就职典礼，为推动全国各省协调机构的成立铺下了坚固的基石。出资方并作为监察机构的是雅加达华文教育协调机构辅导委员会，由热心华文教育的华社贤达郑年锦、杨健强、张锦雄、曾国奎、温持祥、颜培椿、谭柏叶、姚忠从等组成。这些热心教育的企业家，是雅加达华文教育协调执行委员会能够运作的坚强后盾。

身材瘦削的蔡老师一提到华语教育就无法平静，他说：“我们在20世纪因为本国局势和政治缘故已经丢失了两代人，如果再不想办法积极挽救，中华文化在印尼真的就要断层了。华文教育工作是薪火相传的事，绝非几个华文教育工作者一两年的努力就能绵延流长，我们必须要有一个平台，让印尼华文教育跟印尼的国民教育体系接轨，不和印尼社会脱节，这样印尼华文教育才能避免重蹈覆辙，才能有生命力，才能走得远、走得稳！”

2002 年至 2006 年，是华文教育工作复苏和初步发展阶段，在这个决定性的阶段中，蔡昌杰受印尼教育部委任为中等教育司语言教学大纲工作组副咨询员。雅协为印尼教育部的华文学科编写了课程教学大纲，目前已经成功地将汉语纳入印尼国民中学的选修课程并成为国民中学语言专科学校的必修课，而且所有学生必须参加华语课程的国家考试，雅协还通过举办“汉语桥”“水立方”等中文演讲和歌唱比赛，来提高印尼人学习汉语的热情和兴趣，据统计，印尼每年有 1 万多人报名参加汉语考试（HSK 和 YCT）。随着越来越多的印尼人学习中文，去中国留学的青少年也越来越多。雅加达华文教育协调机构在印尼一年举行两次至四次的 HSK 考试，参考人数也从第一年的 1200 名增至现在的 1 万多名，且年轻学生的比例越来越大，非华族的考生也越来越 多。

2001 年 5 月，雅加达华文教育协调机构促成了中印（尼）两国政府暨印尼国民教育部与中国教育部就国家汉办在印尼举办的汉语考试（HSK–YCT）协议的签署，至今已经承办了 14 年。“虽然雅协没有自己的学校和培训班，但看到每年有成千上万的印尼学生学习汉语、了解中华文化，真的有一种桃李满天下的成就感。”蔡昌杰掩不住喜悦。

他说：“雅协每年在印尼通过全国各省协调机构举办‘汉语桥’预赛，进而举办印尼‘汉语桥’全国总决赛至今已成功举办了14年。‘汉语桥’的成功举办极大地促进了印尼华文教育的发展，鼓舞了印尼青少年学习汉语的热情，为印中两国经济文化教育交流起到极其重要的促进作用。‘水立方’歌唱比赛则举办了五届，通过华语歌曲比赛，推动更多的年轻人学习华语的兴趣。”

在蔡昌杰看来，要想做好印尼华文教育，必须提高印尼华文教师的数量与素质，除了从长计议地培养本土师资队伍之外，当前阶段重要的是从中国请来教师，这样就解决了当前师资严重匮乏的问题，也促进了从长计议的规划。因此，他从2004年开始做好官方工作，通过印尼国民教育部正式向中国国家汉办提出建议，申请派遣中国汉语教师志愿者到印尼各省任教。令他欣慰的是：中印尼两国教育部共同签署了协议，中国每年派100名志愿者老师来印尼帮助学生学习中文。很遗憾的是2013年合作协议期满，无法继续签署，这两年，由于中国老师无法顺畅来印尼协助任教，给印尼华文教育带来极大损失。这一两年来，虽然困难重重，蔡昌杰还是不辞辛苦、不断努力，终于又跟印尼文教部部长特别助理和新成立的教育行政人员与教师总司总司长沟通好，达成一致，继续拟定新的志愿者项目合作协议，对此部长表示赞许，希望新的合作协议草案可以很快地呈交中国国家汉办。

经过十几年的发展，雅协已经从当年一个华文教学协调小组成长为影响力遍布全国的协调管理机构，也是印尼教育部管理印尼华文教育的唯一合作伙伴和印中文化教育交流的重要桥梁。

在印尼这个对华文教育进行了多年封锁的国家推行汉语教学，15年来，雅协的每一步发展都倾注着蔡昌杰无尽的心血。蔡昌杰坦承，担任执行主席这么多年，如果没有包括印尼文化与教育部有识之士的官员和中国驻印尼大使馆、中国国家汉办在内的多方支持，推动这么大的一项工程几乎是不可能的。

蔡昌杰说，虽然印尼的华文教育解禁多年，但是“印尼政府对华文教育的支持力度不足和印尼中小学校对华文教育的不冷不热一直是印尼华文教育发展的瓶颈”。

据蔡昌杰介绍，为了推动孔子学院落地印尼，雅协前后整整花了近六年时间和印尼教育部沟通，单单就为敲定孔子学院名称，他就在中国驻印尼使馆和印尼教育部之间连续跑了超过两年时间。“在印尼发展华文教育最不能缺的就是沟通的耐心。”蔡昌杰说。

在蔡昌杰看来，华文教育远远不仅仅是华人自己的母语教学，而是全体印尼民族均可积极参与的事业。华文是印尼人学习和了解中国和中华文化的工具，早已不再为华人独享。而蔡昌杰的目标就是通过发展华文教育提高印尼民族在国际舞台上的竞争力、促进印尼华族和各个族群的和谐，共同为繁荣富强的印度尼西亚而奋斗！同时，增进印中两国政府的友好往来、两国人民的世代友好，从而促进区域性的和平，乃至世界和平！他还说，通过华文教育工作增进华族与其他族群的沟通，促使华族文化与印尼本土文化相互通融结合，从而进一步发展为印尼特色的优秀文化。

“发展印尼的华文教育已经成为一个使命，为了美丽的祖国印度尼西亚、为了与祖籍国的亲戚关系世代友好，我们将继续走下去，完成光荣的历史使命。”蔡昌杰说。

回眸这 10 多年所付出的辛劳，蔡昌杰告诉记者有两件事让他难忘：“第一件事是印尼国民教育部总司长（相当于副部长）等近 10 位高级官员出席了雅协就职典礼，中国驻印尼大使卢树民率领大使馆几乎所有参赞秘书来参加就职典礼，还有印尼社团领导、各界人士都来参加，足见印中两国政府及人民对教育协调机构的重视；第二件事是中国国家汉办派来的志愿者老师都和协调机构紧密联系，共同承担华文教育重任。这两件事我每每想起就非常开心。”

从 300 年前海外第一个华文识字班——印度尼西亚明诚书院到如今三语学校遍地开花，从中华文化在印尼大地一度干枯到如今华文教育欣欣向荣、走进寻常百姓家，一代又一代的印尼华人教育工作者呕心沥血，殚精竭虑，只为华文教育和中华文化在这个千岛之国能够薪火相传。

袁　霓

# 中印两国的铺路人

——记华文教师何灿濂

何灿濂老师虽然已80多岁高龄，却神采奕奕，还经常由夫人陪着往来于印尼和中国之间。何老师是一个在“九卅事件”中，苏哈托政权封闭全印尼的华校后，老师们都因此失业，转而从商白手起家的成功企业家，在印尼苏拉威西岛南端的锡江(Makassar)市，他是该市活跃的华社精英之一。

有几件事值得一提：2003年，何灿濂老师曾被委任为印尼南苏省与中国湖北省友谊城市的联络主任，为两省的交流尽心尽力；印尼锡江国立哈沙努丁大学孔子学院的设立，何老师也花了很多时间、金钱与精力；此外，他还为母校厦门大学与哈沙努丁大学的多项合作做搭桥铺路的工作，成绩有目共睹。

此外，他虽然出身贫困家庭，只受过两三年正规教育，也没有进过什么音乐学院，但他有音乐天赋，除了是企业家，更是一位成功的业余音乐家。让我们来看看何灿濂老师是怎么以不屈不挠、艰苦奋斗的精神来演绎出精彩的人生故事……

## 知识改变命运

20 世纪 30 年代，何灿濂老师出生于广东开平赤坎县乡下的一个贫农家庭，10 多岁时父亲在南洋病故。因为当时是抗日战争年代，广东也是兵荒马乱，好多农田荒废，人民缺衣少食，好多人甚至饿死街头。他首先到广州一间玻璃厂当学徒，对一个少年来说，那是很辛苦的工作。他母亲希望他将来会有更好的发展机会，打算让他到南洋谋发展，所以几年后，他就随着伯母下南洋谋生。

起先他在锡江市当泥水匠学徒，接下来在一个照相馆当学徒。虽然他只在乡下念过两三年书，但他觉悟到，知识能改变命运。1957 年，当时他 22 岁，偶尔得知厦门大学函授班开始第一期招生，他就不顾一切去报名。

那个时候他已经意识到，非要学好不可，这将是改变他命运的一个机会，一个生命的转折点。当时他心灵上点着一盏希望之灯，于是每天起早贪黑，见缝插针式地拼命阅读，贪婪地攫取有关知识。他那种发奋向上之心，虽然营养不良，身体瘦弱，但他也不觉得疲倦。他觉悟到，要摆脱愚昧，摆脱贫穷，首先需要的是知识。而知识确实改变了他的命运，这是后话。

他发愤读书，甚至挑灯夜读，啃了一摞一摞关于语言文学的书籍。到了考试的时候，他就前往参加。考卷是直接从中国厦门大学寄过来的，用蜡封着的考题。当时参加考试的共有 37 个人，他们都是高中或初中的老师。那是专门考语文的，他也不管，跟着大家一起考，希望能够考进去，至少给他一个试读的机会。

何灿濂老师万万想不到，后来在锡江的《每日电讯》报纸上刊登出来：九个人考进，两个试读，而他就是其中一个人。他竟然能脱颖而出，这使他心里美滋滋的。这就是一个拼搏成功的例子。这也将是他人生的转折点，他的努力苦学并没有白费！

但到了学期结束，这九个人中，只有他一个人毕业。他的成绩非常好：四个甲，两个乙。当时这个文凭是寄到锡江侨联会那边的，所以这件事情就在该市轰动了。

到了第二年，厦门大学聘请何灿濂老师当厦门大学函授班的辅导老师，也就是助教，为期两三年。这期间他不收薪金，其实他当时经济情况并不太好，必须省吃俭用。为什么他不收薪金？因为何灿濂老师认为，厦门大学已经培养了他，老师已经教导了他，他应该回报，收了钱就对不起母校了。后来，他在锡江华校当了十多年教师，桃李满天下。而今在这古稀之年，他还致力于社会、文化、族群间的工作。

## 湖北省南苏省联络主任

2000年，中国驻雅加达大使馆的卞庆祖参赞，特地到锡江找何灿濂老师，是大同党主席吴能彬介绍的。卞参赞说因为湖北省要大使馆介绍一个人，专门做这个联络工作，以便搞好湖北省跟南苏省之间的经济与商贸、文化各方面的合作，卞参赞把所有事情都讲得清清楚楚，很希望请何灿濂老师能担任这方面的顾问，还发了一张证书给他。卞参赞是早上来的，当晚就返回雅京。

稍后，南苏省长巴拉库那也请何灿濂老师当联络使者，联络两省之间的工作，是一个主任头衔，省长还给了他一个委任书。之后不久，他就陪着南苏省长到湖北省，签了合作意向书。后来再进一步商谈其他的合作意向，还曾经商谈关于从锡江兴建铁路到巴里巴里（Pare Pare）去等计划，当时双方来来去去，从锡江去巴里巴里考察，发现无必要开隧道，也无必要建桥过海，可以直接建铁路。湖北方面开了一个价，希望南苏省用物品来交换，或通过中央的帮助，希望他们到世界银行贷款。可惜，也许因为价钱或某种原因，后来却再没有下文。

当何灿濂老师为印中两国办成了这件联系工作后，卞庆祖参赞打过一次电话说："我以中国人民驻印尼大使馆的名誉，对您表示感激，因为您为这件事情，为建立两省的姐妹省做出了很多的贡献，这份心意我们是不会忘记的。"

## 推动厦大哈大之合作

那时候，何灿濂老师想到，既然在南苏省长那边达不到再进一步的经济文化合作，而哈山努丁（Universitas Hasanuddin）大学很具规模与潜力，他就很想为该大学与中国的厦大建立一种友谊的关系，这念头一产生，就无法遏制。

哈大是东印尼最大、最有声望的一间国立大学；面积约有250公顷，学生约3万人，博士、教授、讲师约1000余名，员工6000多人，拥有14个院系。经过数年的准备工作，哈大准备开设中国文学系。

何灿濂老师到母校厦门大学把缔结姐妹大学的这想法告诉对外联系主任张新立老师，以及毛通文老师，他们都拍掌说好。

何灿濂老师回锡江后，为达成这个愿望，努力奔走于各社团、机构之间。他听说锡江华裔总会与哈大有文化合作之约，于是就主动去找华裔总会锡江分会的几位领导，如杜建生先生、陈天震先生、彭福明先生等，谈及印中文化交流的重要性，请他们为厦大与哈大的文化交流搭桥铺路。他们三位都觉得这工作意义重大，立即同意何灿濂老师的建议，欣然承诺共襄义举。于是，他们建立了一个共同的工作目标。

2001 年 10 月 28 日至 31 日，一连四天，哈大访问团一行参观了厦大的校园、教学设备和教学实施等，并与厦大的代表展开多次的会谈，双方在多次会谈中取得了共同点，并获得了很好的成果。10 月 31 日，哈大与厦大双方代表聚集在南洋楼，在双方的校长见证下，签署了文化交流合作意向书。接着，厦大海外教育学院副院长陈荣岚老师向世界各国发出厦大与哈大文化交流合作的讯息，以表重视，希望两校的合作能取得更好的成果。

2001 年 11 月初，访问团返回锡江后，彭福明先生与黄忠华先生一连几次发出邀请函，邀请锡江各社团、各同乡会代表出席共商实施哈大与厦大合作事宜以及邀请厦大教授前来哈大教学的问题。与此同时，成立了一个“郑和文化教育委员会”。哈大与厦大的文化交流工作交“郑和文化教育委员会”负责。该委员会的成员不仅是华裔总会的会员，也有几个锡江同乡会的代表。所以，“郑和文化教育委员会”是属于锡江市全体华裔的。

2002 年初，詹心丽院长为了让事情更透明和正规化，写了两封公函，分别给哈大校长和华裔总会南苏分会主席彭福明先生，说明何灿濂老师在哈大与厦大的文化交流中所承担的任务。从那时开始，他更频繁地与两校联系，转达双方的讯息，协助解决双方的疑难，促进工作的进展。

经过了多次的沟通与交往，也做了不少开办汉语培训班的准备工作之后，2003 年，汉语培训班终于在哈大的校园诞生了，这对于锡江市华裔、哈大来说，都是一个里程碑。

何灿濂老师每次都陪厦大教授去哈大在市郊的校舍教课，一年以后，教授不来了；他们再聘请另外一位，可惜又再任教一年后归国。两位厦大老师的各种费用，签证延长费等，加上“郑和文化教育委员会”多次举办的各种活动，将他们募捐到的一亿六千万盾（相当于17000美元），用去了百分之八十了。他们已没有资金再聘请厦大的老师来哈大任教了，只好由何灿濂老师亲自上阵任教。

这期间，他们培养的助手陈丽敏老师是台湾商业学院毕业生，经过一段时间的锻炼，她也能独当一面了。何灿濂老师和陈丽敏老师两人风雨不改，每次在中午12点多、1点半就动身去教课。其实中午是何老师通常睡午觉的时间，对何老师这样年纪的老人，是很辛苦的一件事，每天他们差不多要到下午5点多才下课，晚上才抵达市区的家。何灿廉老师觉得再这样继续下去，身体会受不了，后来他想到应该在哈大设法设立孔子学院才是上策。

何灿濂老师和朋友们的愿景是厦大和哈大可以发展成为文化交流的大学盟友，进而再发展文化交流和医学合作，获得了很好的成果，但他们还希望可以培养文化和医学方面的接班人，在哈大设立中文系、中医系和建立中国文学系、中国历史研究院，以及其他的科技合作，希望通过各合作项目的实施，把中印的友谊推到更高的层次。

## 哈大孔子学院的诞生

何灿濂老师经常来往于印尼和中国之间，多次为协助在哈大设立孔子学院，进行沟通和奔波。何灿濂老师除了跑雅加达中国大使馆，还前往厦大、北京汉办，虽然花了不少精力和时间，他却毫无怨言。因为关系少，有时不被重视等，为哈大与孔子学院奔波的两年间，各种遭遇实在不足为外人道。然而经过两年的不懈努力，皇天不负有心人，哈大孔子学院终于有希望开办了。

2010 年，出乎意料，何灿濂老师接到南昌大学文学院院长的长途电话，通知何灿濂老师说："成功了！"他说："汉办指定我们南昌大学跟哈山努丁（UNHAS）大学那边做孔子学院合作事宜。" 当时，何灿濂老师心里有多高兴啊，他的辛苦奔波出力总算没有白费。

两个月后，何灿濂老师，哈大校长 IDRUS 和 BURHAN，他们三人飞到北京去签约。

哈山努丁大学的新校舍都在郊区。何灿濂老师认为必须开设在市区里面，但哈山努丁大学在市区的旧校舍根本是荒废的，满院子都是野生的树和杂草，房子也是破破烂烂的，怎么办呢？何灿濂老师自已带头先出六千万盾，后来再加三千万盾，共九千万盾。"郑和文化教育委员会"其他理事也捐钱，许多社会热心人士听到后，也献出爱心，全部筹到的款项，合起来共五亿至六亿盾。

他们快马加鞭，把握时间，把孔院的校舍建好，黄忠华负责教学设备，何灿濂老师写计划书等，孔子学院终于在 2011 年 2 月 2 日正式开幕了。南昌大学还特地派了一个文艺团来表演，庆祝孔子学院的开幕，非常热闹。至今发展势头迅猛，来就读的学生太多了。

在南昌那边，已经有差不多 100 名来自锡江孔子学院并获得助学金的学生在学习；在中国其他城市，也有 100 多位，目前，学成回来的很多，锡江哈大孔子学院的名声在当地响当当，因而发展得很快很成功。

2014 年 12 月 5 日，南昌大学国际交流学院聘请何灿濂老师为国际合作协调顾问。

## 神奇的春天

何灿濂老师酷爱音乐，这爱好从他的青年时代就开始了。历年来他创作了不少歌曲，如《千变万变——赤子之心不变》《印尼广肇总会会歌》《母亲》《广东华商大会会歌》《神鹰》《牵牛花》等。此外，何老师也在该市著名“乡音合唱团”当指挥。

最特别的是，何灿濂老师为2008年北京奥运会所谱的曲子《神奇的春天》，于2009年被收入中国《建国60周年全国优秀辞曲——音乐教师人物词典》，作为一部全国音乐风云人物大辞典发行于世，而何灿濂老师是唯一一位国外入选者，这是他音乐生涯中最辉煌的事情，也是对他的音乐创作天赋，恰如其分的肯定。此外，何灿濂老师曾翻译了不少锡江和印尼其他地区的民歌，为族群间的交流贡献了他的力量。

何灿濂老师的成功，并不单单是建立事业并积累财富，在事业成功之余，他也非常关注社会，特别在他的晚年，致力于印中文化交流，包括印尼族群间的交流，以创建和谐社会。

陈东龙

# 爱心教学　传播华语

## ——记爱心华语学院萧瑞兰女士

“春蚕到死丝方尽，蜡炬成灰泪始干。”一首李商隐的《无题》道出了老师对学生无私奉献的精神和对教学事业孜孜不倦的追求。远在异国他乡的印尼就有这样一批为了华文教育事业的发展，而默默无闻奉献出自己一生的华文教师。

有心栽花花不开，无心插柳柳成荫，上帝的眷顾就是来得这么突然。祖籍福建莆田的萧瑞兰女士于 2001 年创建了爱心华语学院。起初萧女士是在家里利用空闲时间教自己的孩子学习汉语，在学校的华语考试中，他的孩子经常以满分一百分的优异成绩回报自己母亲的辛苦教诲，同时也让同学们感到目瞪口呆，争相向其询问学习华文的方法，所以后来萧女士就免费帮他们补习华文，最后慕名而来求学的学生越来越多，在萧女士和家人的协商下共同创办了爱心华语学院。

爱心华语学院总部位于雅加达 JANUR ELOK X QG 9 路 21 号，上课时间为早上 9 点到晚上 6 点，其间学生可以任何时间来此学习，因为在这十多间的教室里每时每刻都会有老师在教学。现在已达到了14~15家分支，分布于雅加达各个地方。学校的教师队伍是由本地华人和当地印尼人组成的。为了保证教学质量，学校对于每位新来的教师都会进行岗前培训和观察，只有在试教期间得到学生、家长和其他老师的认可，才有资格正式成为学校教师队伍的一员；同时，在试教期间学校也会考察教师是否喜欢小孩，并有耐心和爱心去教育孩子，只有内心真正地去爱这个行业，才能把学生当作自己的家人，来关爱他们。

据吴芸飞老师（萧瑞兰女士的儿媳）说，爱心华语学院的办学宗旨是：开心快乐的教育，让孩子们在轻松的环境下喜欢并学习华文。对于一些望子成龙，望女成凤的家长，他们希望爱心华语学院可以给自己的孩子布置更多的学习任务，逼迫自己的孩子必须学习华语，萧女士不会接受这类的学生和家长，因为这类家长违背了她的办学宗旨和理念。

爱心华语学院的课程分为两大类，第一类是，需要学习口语，

干净温馨的教室

不需要考试；第二类是，与学生在学校学习的课程相关，需要补习的。班级按年级和年龄分类，有幼儿、小学、初中和高中；甚至有些成年人慕名而来，但是由于现阶段师资力量有限，无法帮他们完成心愿。虽然学校建学时间只有短短的14年，但在全盛时期，单单总部所收学生就能达到800多人。现在在众多汉语补习班的激烈竞争下，爱心华语学院仍然以其雄厚的师资力量和高品质教学质量，从竞争者当中脱颖而出并吸引了学校附近500多名学生在此补习。学校大门永远向那些想学和爱学华语的学生敞开，对于所有的课程都是全汉语教学，因为在听说读写四方面当中，听才是最重要和最基础的部分，只有学生愿意和乐意听，才能调动孩子的学习积极性，才能快乐地学习，这才符合萧女士的办学宗旨。

每次的黎明都有黑暗的点缀，每次的彩虹都有风雨的洗涤，每次的成功都有困难的阻碍。在爱心华语学院的成功之路上，也有数不清的荆棘，例如在办学的过程当中，他们遇到过两大难题，首先是对于老师教育那些没有任何汉语基础的学生，因为语言沟通障碍，有些老师不能很准确地表达出想要教的内容，如老师想教学生认识一些抽象的词语，但无法用图片，肢体语言来表达，他们就会借助当地教师的力量来帮助他们，或者用别的相关的词语解释；另一个问题是对于那些不想学习，并抵触华语的学生，因为他们不懂也不会说华语，所以当他们来到这个新世界的时候，就会感觉格格不入，只能孤独寂寞地坐在角落里，吴女士说她曾经遇到过这样的学生，她就会主动坐到学生旁边，指着一幅图画问这是什么，尽管学生是用印尼语回答的，但她还会耐心地教导学生用中文发音，最终当孩子顺利并且标准地读出那个单词的时候，吴老师就会感到激动兴奋并毫不吝啬地给予学生赞扬，在吴老师充满爱心、耐心、细心的教导下，这个学生终于爱上了华语。因为吴老师觉得小孩子都喜欢以图片为主的教材，并且喜欢得到鼓励和赞扬，这样他们才会打开心扉努力学习华语。对于此类学生还有另一类解决方法，那就是根据学生的爱好和喜欢的事物来“诱惑”学生学习。

无论是爱心华语学院优秀的教学质量，还是周围洁净的环境，以及学校和老师们的关爱，都让家长感到放心。当我们进入爱心华语学院的时候你首先会看到一个种类繁多，色香味俱全且干净整洁的小饭店，这个小饭店是学校自己组织，为学生提供健康、安全卫生的食物。因为有些同学在补习班等待家长或兄弟姐妹时会感到饥饿，为了防止学生去路边小摊购买可能不卫生的食品，因此，爱心华语学院创办了这个小饭店。继续往里走，我们会看到一个医疗箱，这是为了防止学生出现突发情况而准备的。紧临医药箱的就是装满五颜六色儿童书籍的书柜。一尘不染的教室内，

左起萧瑞兰女士（左）与吴芸飞老师合影

有摆放整齐的桌椅，雪白的墙壁上贴满了学生们杰出的作品，有色彩斑斓的图画，憨态可掬的卡通人物，让我们感到无限的温馨和温暖，可以想象到孩子们在这样的环境当中上课时的欢声笑语。

萧瑞兰女士虽然现已将补习班的事务交给吴芸飞女士管理，但是萧女士仍然坚持每天来补习班上课，有时候她看到一些行为异常的学生，就会特别留意并主动找学生父母进行沟通，共同寻找解决办法。

爱心华语学院不仅传播了自己的爱心，也为印尼华语事业的发展做出了极大的贡献。

谢颖颖　孙卓娟

# 来自中国的汉教志愿者

——记雅协主席助理卢鹏

“志愿者”是个无上光荣的名字，它意味着我们每位志愿者都要有无私奉献的精神，尤其是作为一名国际汉语教师志愿者，前往异国他乡传播中华文化，我们要时刻牢记自己肩负的使命和责任，要多做贡献，不计较。我们要随时保持良好的“文化使者”形象，尽职尽责做好汉语推广和文化传播任务。

卢鹏

卢鹏，2010—2013年度中国汉语教师志愿者，2013—2014年度，印尼汉语教师志愿者管理教师。自2014年下半年起至今，负责雅加达华文教育协调机构(简称“雅协”)培训和汉语考试工作，并担任雅协主席助理。

卢鹏，1981年出生于中国河北省邢台市任县，河北大学汉语言文字学专业硕士研究生。中文硕士研究生有诸多的研究方向，但偏偏选择文字学专业说明了卢鹏的专业功底，也从一个侧面凸显了她的个性。中文文字学是对学习者语言文字功底要求极高的专业，不精通古汉语、文字史、文字考古学、汉语音韵学等专业知识根本无从学习，对中文学习者来说是一块大都避开的难啃的骨头，下决心学这个专业又能学成的人毫无疑问是扎扎实实吃得了苦头、耐得住寂寞做学问的人，是精神追求远高于物质追求的那类人。这一点，第一次接触卢鹏记者就能感觉得到。为了记者这次的叨扰，她做了认真的准备。她给记者提供了雅加达华文教育协调机构的简介，2011 年、2012 年、2013 年自己工作的大事记、工作总结、心得笔记、图片材料，翔实系统、一板一眼、心思细密、行文流畅，平日细致严谨的工作作风可见一斑。初识卢鹏，就感觉到她不是那种只知道一门心思做具体工作的人，谈起她的工作，时不时在她口中流露出的是“大爱”“理想”“责任”“使命”“文化使者形象”，她把汉语教学志愿者的工作看成是祖国赋予自己的神圣使命，把在印尼从事的汉语教学工作看成是民族之间共同学习进步的大爱交流，虽然她已 30 岁出头，为人之母，可是在她身上你仍然能够感觉到如同单纯的学子一样的理想情怀、青春的悸动，令人感染。

她的确是一位抱定理想信念而舍得牺牲的人。2009 年时，她研究生毕业在一所大学任教，在中国国内这是一份稳定、收入不菲、社会地位令人尊敬的工作，可她偏偏看好了对外汉语教学，认为它更能体现自己的人生价值。用她自己的话说：“我凭着满腔热血和激情，凭着对国际汉语教师志愿者这个职业的敬重，毅然辞去了对别人来说求之不得的工作，踏上了开往石家庄的列车，带着保姆和刚四个月大的孩子，前往河北经贸大学参加志愿者培训。”2010 年 10 月 21 日，以优异的成绩取得国际汉语教育志愿者资格的卢鹏，告别了一岁零八个月的孩子，登程前往印尼。她

卢鹏接受中央电视台的采访

在回顾文章中写道，“看着熟睡中的宝贝，想起孩子一觉醒来就找不到妈妈了，那是怎样一种感觉啊，我深深地亲吻着我的宝贝，把他的小手轻轻地放在我的脸上抚摸，想让自己深深地记住这种转瞬即逝的幸福”，也许这就是她常说的多奉献、少计较吧，说起来容易，做起来很难！

来印尼后她先是被分配在苏北的先达市苏丹阿贡学校，负责高中部 3 个年级 20 个班，921 名学生的汉语教学任务。她想了很多办法，组织汉语演讲比赛、辅导学生作文投稿等用课外活动配合课堂教学，她还教学生少林拳和太极扇，使学生在感兴趣的武术学习中感受博大精深的中华文化，从而培养他们浓厚的汉语学习兴趣。她做得非常投入，很快就取得了成绩，所教学生多人在苏北省第六届汉语桥比赛中获奖，还有的作文发表在《苏北日报》上，她本人也因为突出的工作成绩，在来印尼工作的第二年，被选派到雅加达华文教育协调机构，负责办公室工作及日常管理，一做就是半年多。这是拼命三郎的半年多。记者手头有一份她这个时期的工作日程记录，上面密密麻麻记录着她每个月做过的事项，仅 2012 年 8 月一个月就有“在雅加达华文教育协调机构主持有中国驻印尼大使馆以及钟瑞明参赞参加的印尼华文教师颁奖典礼，并为雅加达华文教育协调机构辅导委员会常务主席杨健强撰写致辞稿”“分别撰写三封给讲师、学校领导和院长、政府官员的关于印尼本土教材资源培训推荐信”“为蔡老师撰写新闻社采访蔡老师的稿件内容”“整理印尼世汉会员资料并与会员联系”“参加“千岛娃娃”教材交流会议，并对会议内容进行整理”“向中国海外交流协会撰写关于申请印尼华文教师本科学历班奖学金及培训相关事宜的公函”等诸多繁杂的事项，可以想象她当时的工作节奏。2012 年 8 月，因为工作需要，她又被分派到雅加达圣光中小学负责初二、初三的汉语教学，此时的她教学方法更加成熟了，她在课堂教学中插入识字游戏、图片、录音、视频、歌曲、实物等教具进行演示讲解，课后辅以多种形式的课外活动培养学生学习兴趣、巩固和强化教学效果，如中国舞蹈、太极拳，甚至中国的美食制作。功夫不负有心人，很快她又做出了骄人的成绩。2013 年 8 月到 2014 年 6 月，卢鹏老师因工作突出，

卢鹏（左）担任由国务院侨务办公室、北京市人民政府、中华全国青年联合会共同主办的“2014 年‘水立方杯’青少年中文歌曲大赛印度尼西亚赛区”主持人

表现优秀，被中国孔子学院总部/国家汉办选派为印尼志愿者管理人员，负责全印尼 17 个省 70 多所学校共计 200 多名汉语教师志愿者工作。如今她已是雅加达华文教育协调机构培训部的负责人和特聘教师，每天忙得不亦乐乎。

采访当晚在他们的办公室看到一大摞快餐饭盒，工作人员告诉记者，因为工作紧张，常常有突击任务，比如筹备全国汉语考试和汉语桥这样的活动，大家会加班到很晚，所以外卖的快餐就成了他们的家常便饭。对卢鹏来说，这样的情况更是多得数不胜数，工作在简朴的办公室中，吃的是快餐盒饭，忙得不知道外边的世界是什么，送记者出门看到有人坐在河边夜钓就像发现了新大陆，这就是卢鹏的生活工作节奏。她已经连续 6 年没有回中国和家人过春节了，因为春节期间每年都是全国性汉语教学活动最多的月份，忙到他们不能走、也不想走。和儿子经常性的联系就是通过视频见面。

卢鹏（左）担任 2015 年 5 月"汉语桥"即兴问答环节考官

“累并快乐着。”这是记者采访卢鹏时，她告诉记者的。有时为赶工作，尤其是在协助全国汉语考试工作时，会跟协调机构的老师一起通宵达旦熬夜工作。卢鹏风趣地说，希望吃的是草，挤出来的也是奶。斯是陋室，唯吾德馨。问到她未来几年的打算，无他，要把在印尼的汉语教学工作不是当作任务来完成，而是当作一项伟大的事业来做，希望通过自己和雅加达华文教育协调机构老师一起努力，把印尼的华文教育工作做好，为印尼培养更多的华文教育人才，促进中国和印尼两国之间的友好，增进友谊，推动中印两国在更多领域的合作，促进区域和平，为中印两国的世代友好做出自己的努力。

刘　杰　袁　霓

丝路文苑·他乡故事

印尼

# 他乡生活

# 印尼三小花

——记中国交建四航局印尼项目组韦邵金、谭琼和周栗萌

“欢迎你们毕业之后可以到我们项目从事翻译、商务等工作，现在开始就可以多点关注工程建设方面的术语了……”2010 年 8 月，在印尼大使馆举办的一次中国驻印尼企业与当地中国大学生的交流活动上，时任印尼阿迪帕拉项目经理曹兵、副经理林涛跟以交换生身份刚来到印尼国民大学读书的韦劭金、谭琼她们不经意认识，双方并有了这样的非正式邀请，没想到成就了如今印尼片区项目的三朵姐妹花。

韦邵金、谭琼、周栗萌是中国广西民族大学国际商务专业（印尼语方向）的大学生，2010 年 8 月，她们三人以交换生身份来到印尼国民大学。“迷人的东南亚风情以及朴实、友善的民族特质让我们很快融入到当地学习和生活”。在印尼读大学，并没有为学生提供宿舍，三个小姑娘校外合租，开始了他国学习和生活。

说起大学里干过最疯狂的一件事，在大四毕业之际，三个小姑娘租了一辆车，从首都马伦达出发，到泗水欣赏雄伟的 Bromo 火山，然后去日惹看世界最大的佛教寺庙群婆罗浮屠，在印尼最

美丽的城市，领略了素有“爪哇的巴黎”之称的万隆风光，三个姐妹默默许下约定，要留下来工作。

2012年，当小韦与小谭正在为找工作苦恼时，想起了两年前的承诺，而此刻，二公司印尼阿迪帕拉、马伦达项目正需要翻译人员，“当我们接到OFFER那一刻异常激动，比起在私营企业工作的同学，我们有了更广阔的学习和锻炼平台。”小谭说。

周栗萌

谭　琼

韦邵金

在灯塔、航标灯的采购工程中，需要与当地海事局联系，当地人的思维比较直，如果没有签订合同，拿到许可证，他们是不会提前准备好材料和相关手续的。作为阿迪帕拉翻译兼商务，谭琼总会做好耐心沟通和引导，“结合公司在印尼履约的项目让他们放心跟我们合作，说白了让他们明白，只有通过他们才能完成这项任务，这样就能更好地提高工作效率”。

2013 年 3 月，在小韦、小谭向小周介绍了工作内容和环境后，小周从中国回到印尼，加入到万丹燃煤电站码头项目。三个姐妹在分散的三个工地上，基本没有碰过面，但平时经常会通过网络进行业务交流，后勤保障管理、办理工作签证转移、商务翻译工作要点等工作上的事成了她们现在沟通最多的话题。

谈起在四航局的工作感受，她们纷纷表示，格外珍惜这样的机会，了解更规范的工作流程，对自己成长帮助很大。“平时项目经理和同事会经常亲自指导我们在商务合同、商务谈判中的技巧和细节，感觉视野更宽广了”。

“在异国他乡感觉大家在一起都像亲人，每个项目就一两个女生，我们感到荣幸，只要公司在印尼有项目，不论多么偏远我们都愿意跟着去。”三个小姑娘笑着说。

黄育波

# 两个中国留学生的“神州装饰”

## ——记印尼神州装饰公司经理田钊硕和王璐

在雅加达有所私立的总统大学，该大学有很多来自河南、四川等省份的中国留学生，这些留学生毕业后有相当一部分留在印尼工作，或到中资企业，或自主创业。自主创业者逐渐形成了一个小圈子——雅加达总统大学毕业生创业俱乐部，田钊硕、王璐二位就是这个俱乐部的成员，在雅加达巴都都丽丝街18A号经营着一家名为“神州装饰”的装修公司。

### 两个年轻人勇闯市场

田钊硕是这家“神州装饰”的当家人，别看他今年只有26岁，来印尼却有8年了。他的老家在中国河南许昌，是《三国演义》中魏国曹操的都城。作为独生子女的他从小就自强自立，11岁就离开父母去外地读书，高中毕业后恰逢总统大学到许昌招生，他甚至没有征求父母的意见就报了名，当然他知道从小就鼓励他自

田钊硕经理

王璐经理

主决策的父母会支持他的，这可以说是中国独生子女、至少是相当一部分独生子女较为普遍的做法和心态。来到印尼总统大学以后他学习的是工业工程专业。对当代大学生来说学习什么专业与未来的工作并没有必然的联系，做什么要靠自主选择和市场这只看不见的手来调节。毕业后他抓住商机，先是做对中国的出口贸易，两年以后做这一行的人太多，不那么好做了，他也有了一定的积累了，开始转行。

他决定做装修公司据说是和自己如今的搭档王璐在游泳池边侃大山时“侃”出来的，从思路碰撞到决定合作据说前后只有那么几十分钟，这就是现代年轻人做事的魄力。王璐是“神州装饰”的经理，今年 30 岁，他的经历很有戏剧性。他的老家在中国河南汝州，他比田钊硕晚来印尼 2 年，可他的经营经历却一点也不比田钊硕短。早年他在中国就读于郑州公安大学，毕业后分配到派出所工作。在中国，公安派出所的警员是列入政府公务员编制的，收入稳定，旱涝保收，对很多大学毕业生来说是求之不得的职业。但对久已萌生自主经营意识的王璐来说却越做越没兴趣，坚持了一年多他就辞职去经商了。印尼总统大学到他那里招生时，他已经“下海”经营 2 年多了，对他而言到总统大学读书就是一块出国经营的跳板和平台，学什么专业，学多长时间都不重要，重要的是可以通过这条渠道迅速地来到印尼。到总统大学以后他学的是银行与金融专业，应该说他学得很好，各科成绩都很不错，毕业论文也如期完成，但他做得更好的是在企业的实习和经营，论文答辩时他已经是青岛太平洋集团在南加里曼丹一家企业的执行经理，以至于忙到根本没时间回校进行论文答辩，因此，他和比尔·盖茨一样是一个成功经商的肄业生，他认为无所谓，总统大学已经给了自己想要的一切，不能再得陇望蜀了。就是他向记者表述了“生命的意义在于做事的经历”的命题，他说，人到老时不会因为已做了什么而后悔，却会因为没去尝试而后悔，要想人生无悔，就该大胆地试、大胆地闯，不要因畏惧失败而缩手缩脚。

神州装饰公司设计室

王璐和田钊硕合伙经营“神州装饰”是在他从那家中国企业辞职以后，原因是那家企业摊子铺得很大，却迟迟进入不了生产经营正轨。装修这一行对他们来说非常生疏，他们不懂设计、不懂材料、不懂工艺流程、没有装修思维，甚至完全没有这一行的管理概念。最难的时候，他们把所有的积蓄都投进去了，公司也开始运转了，可是他们的资金链也捉襟见肘了，一次工地半夜出了点差头，需要田钊硕亲自去处理，田翻遍了衣柜、抽屉和衣兜，一共搜出了 7000 印尼盾，得仔细计划坐什么样的公交才能赶到工地。我问王璐经理，那时你在哪里，他告诉记者自己在外岛，即使不在外岛他也帮不上忙，因为两个人是一个户头，左兜里没有，右兜里也绝不会有。怎么办，只好借钱运转渡过难关，不是还有雅加达总统大学毕业生创业俱乐部吗？

## 超前的经营理念　与时俱进的市场运作模式

他们二位告诉记者印尼的装修市场与中国相比有其特殊性，你必须先去培育市场。比如，在中国不论是商装、工装还是家装，环保都是第一理念。装修材料必须无毒无害，装修验收必须符合环保标准，特殊行业的装修必须符合国际的“净化”（无尘）标准。而在印尼多数装修还停留在花钱要少，好看实用这个阶段。那样岂不更容易做？记者问道。是的，但是我们不能那么做，要做就要做出品牌，做出标杆，要对事业的长远发展负责。他们如何做出品牌呢，那就是不遗余力地宣传环保理念和先进的装修理念。不仅在招揽和装修过程中向客户宣传渗透，还通过媒体宣传和活动营销。在 2014 年与印尼青年及体育部、工业部、旅游部、

公司的家装案例

KADIN INDONESIA 、申鹭达卫浴、NUSARAYA Tour、彩易达科技共同举办了“印尼第一届青年设计大奖赛”，在全国上下宣传了“高效、健康、绿色，提供给每个客户独特的价值”的公司理念，形成了关注装修环保理念和现代设计理念的广泛影响。

公司是怎样进行市场推广的呢？他们有比较超前的互联网经营意识，这哥儿俩在举办装潢公司前曾经考虑过是否可以在印尼做马云做的电商，只是觉得时机还不够成熟才没有投资经营，因此，他们对网络平台的营销作用有比较清醒的认识。现在只要打开浏览器，在 Gooogle 搜索引擎中输入任何与装修有关的词条，几乎都能链接跳转到他们公司的网站，其中有商装、工装、净化装修、家装等各种装修的解决方案和装修案例。他们正是通过这种线上推广和线下业务员推销相结合的方式逐渐一点一点地打开市场的。

这两位年轻人富有远见，现在就在做着未来发展的人才储备。

他们将在“印尼第一届青年设计大奖赛”评选出来的6名选手，由公司出资送到中国广州、上海、北京等发达地区考察进修，以备后用。公司有一位马志立工程师，是他们新近从中国聘请来的有几十年装修经验、特别是掌握先进的“净化装修”技术的知名装修专家，聘请他就是要带动和提高本土聘任的设计师的装修理念和设计水平，使公司的品牌运作再上一个台阶。哥俩的团队建设目标是拥有优秀的设计团队、施工团队、监管团队。

现在“神州装饰”公司已经走过了初创的艰难时期，进入了良性循环、快速发展的阶段，已与印尼国华电力，VIVO、OPPO、山西建工集团、青岛建设集团、北京城建集团、AGONGSONGDAIYO/ CIPPTR WORLD 等多家中印知名企业建立合作伙伴关系。已为来印尼的多家中资企业提供了最快最优的装修装饰解决方案。美好的未来正在向这两个帅气的年轻人频频招手，他们的前程充满阳光。

刘　杰

# 荆州女汉子勇闯家装业

——访 KOKA INDONESIA 董事长高静

一身简练的工作装，正式且不失温柔，中长的发型，兼具色调与层次感，标致的五官外戴一副深红色格调的眼镜，尽显成熟女性的魅力，说起话来幽默感十足，笑容满面，让人觉得格外的亲切，就像是和自己的姐姐在一起聊天一样。这便是高静女士给我的第一印象。

## 学生时期性格的奠定

高女士 1982 年生于湖北荆州，荆州历史悠久，文化灿烂。建城历史长达 2600 多年，是楚文化的发祥地和三国文化的中心。公元前 689 年，楚文王建都于郢（现荆州市荆州区纪南城），历 20 个楚王，定都长达 411 年，创造了堪与古希腊雅典文化相媲美的楚文化。荆州先后走出了像楚庄王、屈原、孙叔敖等一大批历史文化名人。

高 静

生长在人文历史如此丰富的荆州，高女士也养成了热爱学习的习惯，成绩在班级中一直是优秀。谈到自己的性格，高女士笑着说："因为我小时候爸妈都很忙，我就和外公外婆住在一起，而且在一个院子里玩耍的同龄小伙伴都是男孩子，所以我的性格用现在的话说就是一个标准的女汉子。"说完，高女士笑了笑。但也是这个豪爽讲义气的女汉子性格让高女士在工作和学习生活中交到了很多朋友，我想也正是高女士的这种女汉子性格让她能够领导公司在印尼的装修家具业创出自己的天地吧。

## 大学毕业后的历练

因为当时高女士的家里是伊莱克斯公司的中国代理之一，伊莱克斯股份有限公司 1919 年创建于瑞典，是世界知名的电器设备制造公司，是世界最大的厨房设备、清洁洗涤设备及户外电器制造商，同时也是世界最大的商用电器生产商。目前在 60 多个国家生产并在 160 个国家销售各种电器产品。高女士加入了自己家族的事业，代理瑞典电器，并着重于市场的开发。万事开头难，高女士在初入社会时没少遇到这样或是那样的问题，但好在从小养成的独立坚强的性格让高女士在困难面前毫无退缩，了解市场信息，考察市场行情，解决客户所遇到的各种问题。这些无疑也为高女士积累了不少工作经验，让她在以后的工作当中更加得心应手。

## 印尼市场的考察

雪莱曾经说过，如果你过分珍爱自己的羽毛，不使它受一点损伤，那么你将失去两只翅膀，永远不再能够凌空飞翔。随着工作经历的增加，高女士的工作也越来越顺利，但高女士却远不满足于此，敢于拼搏闯荡的性格让高女士不愿就此止步，在2010年，高女士来到印尼，对印尼的市场行情进行考察，高女士说："印尼的市场行情和20世纪90年代的中国很像，只要有胆识和魄力看准市场行情便能在这片土地上收获成功。"怀着不惜羽毛的决心和对市场敏锐的洞察力，高女士开始了在印尼的打拼之路并走进装修以及家用品的行业。

## 新的挑战

2011年，在考察了印尼市场后高女士创立了KOKA INDONESIA这家公司。最开始高女士是作为"多样屋"在印尼的代理，为其在印尼开发市场销售产品。"多样屋"的业务主要是设计研发、整合生产、经营厨房客餐、卫浴系列、家纺床用、居家摆设等居家生活用品，因为其产品款式新颖、种类繁多，造就了新的居家生活品质。同时印尼的经济也在逐年增长，富起来的印尼人对高品质的居家生活用品的需求也越来越大。高女士正是看上了这两点，于是决定放手一搏。

但世事并不尽如人意，由于初来印尼打拼对其商业和文化环境都很不了解，高女士说："刚刚开办公司时，由于语言不通，对这边的商业环境不熟，我们遇到过一系列难题。记得那时我们要把一批货物从中国运到印尼，我们就找来一个本地的物流公司签订好了合同，但到最后，这家公司却要求我们额外加 20 万人民币的费用，才把货物拿给我们。当时他们还将我们的提货签单拿着，并且想用这签单来威胁我们。但我们手里同时也拿着一份他们的重要文件，当时虽然人生地不熟，但我却没有一点害怕的意味，我直接和这家骗子公司交涉，和他们交换了文件。最后我单独到海关去和他们解释事情的缘由。"说到这里，高女士笑了笑说道："那些海关说他们是第一次见到这么胆大的女子。虽然添了这么多的麻烦，好在最后我们拿到了自己的货物。"

好事多磨，用来形容高女士再合适不过了，当货物运输的问题解决后，新的挑战又来了，印尼市场的需求远远达不到高女士事先估计的量，在公司起步的初始阶段，公司一直在亏本，但高女士却没有因此而退缩，高女士用自己以前的积蓄维持着公司的运作，并保证公司对顾客服务的高品质要求。KOKA INDONESIA 的口碑也在这期间不断地积累。

## 风暴后的晓光

人生中都会经历坎坷和挫折，挫折是成功的先导，不怕挫折比渴望成功更可贵。高女士在印尼的事业可谓一波三折，但所谓强者便是能化风暴为帆的动力。这些挑战使高女士更加专注于市场的点滴信息，为公司寻找未来的发展方向。

功夫不负有心人，高女士讲道："在一次和客户的谈话中，那位客户对我说，我们公司在装修布置上已经有相当的水准，而且饰品的品质也相当出色，为什么不直接进入装修设计行业呢？这番话无疑启发了我，在经过仔细的思考对比后，我决定调整公司的业务，开始进入装修行业，专门负责一些办公室、商场和餐厅的布置设计以及装修，并配上'多样屋'的产品。因为原来零售时我们积攒了大量的客户，而且口碑也相当不错，所以他们都很愿意和我们合作，而且我们通过与地产商合作，在他们的楼盘建设样板屋来吸引新的客户。就这样，公司逐渐走上了正轨，业绩也不断提升了起来。到现在，我们 KOKA INDONESIA 为进一步扩大经营的范围，开始进军在印尼兴起的房地产行业，并且已经开始建设大量别墅，市场行情也非常好。"说到这里，高女士会心地笑了笑。

针对员工的管理，高女士说："刚开始时我先用我在中国的管理模式，但是印尼的文化和我们中国的文化截然不同，员工很排斥高强度的工作，所以刚开始的管理很失败，后来我也慢慢调整自己，真心地对待员工，并为他们做一些力所能及的事，将心比心员工也为公司全心全意地工作。"

凭借其完美的设计和优质的建设服务，加上内部员工的齐心协力，KOKA INDONESIA 不断成长壮大，现在，在雅加达的所有大型商场和楼盘都能看见 KOKA INDONESIA 的身影。

都说见过沙漠玫瑰开花过程的人才会觉得它的花格外艳丽。那些没有品尝过挫折的人，永远体会不到成功的喜悦。相信在未来，KOKA INDONESIA 在高女士的带领下将会收获更大的成功。

# 中国农村小伙的印尼商机

——记雅加达工业园徐善东

## 深圳塑料包装厂里的有心人

今年 35 岁的徐善东出生于中国江西省吉安农村，8 岁时父亲因病去世，不久母亲又离他而去，失去父母的徐善东全靠两个姐姐的带养好不容易读完高中，他希望早一些自立自理，没有选择升学，而是外出务工，来到了深圳一家塑料包装厂。他在这个厂里一做就是 14 年，亲眼目睹这个名不见经传的小作坊发展为现代化的企业，而他心中的创业冲动，也与日俱增。他是个有心人，自进厂那天开始他就暗下决心，一定要把技术和经营本领学到手，总有一天自己要取而代之，做一个成功创业的老板。别人能做到的我也一定能够做到。

他先是在车间里学徒“开模”，为塑料包装产品做模具，这是这个行业整个工艺流程中很重要的一个环节。他早来晚走，别人不愿意干的活儿他抢着干，别人不愿意加班他替补，几年下来他已经成为厂里最出色的“开模”师傅。于是他开始攻克技术上的又一个盲点——“设计”，这是塑料包装行业的第一道工序，要求既懂技术又懂艺术，对于只有高中文化、当时连电脑操作都很生疏的他来说难度实在是太大了。他交了千八百块钱，参加了社会上的设计培训班，每天坚持工余学习，从电脑和软件的 ABC 学起，每天起早贪晚上课、练习，至今想起这段日子，他都不知道自己怎么咬着牙挺过去。总之，这座山经过几个月的学习和自己常年的练习实践终于翻过来了。之后他又主动和厂领导提出调到市场部去跑订单，工资一下子从 6000 多降到了 1200 元，领导和同事都不能理解这自贬身价的岗位调动，可他自己心里明白，这是他走向自立的最后一关。它不仅仅是完成市场的订单任务，这期间他广泛接触这一行的销售人员，从他们身上学习招揽生意的经验，同时还密切关注同行企业市场运作和技术上的亮点，广蓄博收以备后用。14 年的媳妇终于熬成了婆，有一天他认定自己羽翼丰满可以放手一搏了，他辞职和一个做市场时结识的朋友联手办起了自己的塑料包装公司，那个朋友掌握最新的注塑成型技术，他则负责市场和启动资金，所谓资金是他有限的、自己多年省吃俭用的积蓄。非常遗憾，这次初闯市场不过只进行了几个月就失败了，原因是那个朋友的技术其实并不过关。

下一步他将投向何方?

## 问道国外，成事印尼

徐善东并没有因为第一次创业的失败而气馁，收拾残局，重新开始。他仔细分析了自己的短长，有点像职业生涯策划教科书中写的那样，先问自己我是谁，我想干什么，我能干什么，我有什么优势，认定自己懂技术、懂市场经营、懂行业管理，唯一缺乏的就是资金。于是，他决定走合作共赢的道路，去互联网上找有资金要办厂的人，特别是东南亚的经营者，因为，对比中国，那里的投入更小、利润更高。他把应聘启示挂在了网上，姜太公钓鱼，愿者上钩。守株待兔的他没用多久就得到了回音，一个新加坡商人在中国和印尼都有塑料包装业务，在印尼为三洋集团提供塑料包装，过去从中国生产后运到印尼，成本很高，想在印尼本地建厂，苦于没有管理和技术人才，双方一拍即合，2008 年，徐善东就此走出了国门，来到了雅加达，在雅加达 ××× 工业园区新加坡人所建的塑料包装厂里做主管技术的部门经理。可是这次试水仍然不如意，老板看他年轻，在他之上设有工厂经理，这个经理将徐善东的诸多合理化建议束之高阁，使他根本无法施展，眼见在企业无法大展拳脚，徐善东陷入深深的苦闷之中。早在中国时他就信了基督教，此时更是亲去教堂寻求主的庇护和帮助。在教堂里他结识了一位善良的华人妇女，认她为干妈。干妈对这个小伙子也十分照顾，经常邀他到家中吃饭，帮助他解决生活的难题。2009 年农历新年，他到干妈家过年，干妈的另一个义子也来家里给干妈拜年，他也来自中国，在雅加达经营中国电器，谈话间那个小他几岁的义弟道出了经营形势不太理想的苦衷，想要再搞点新的经营。于是徐善东就向他介绍了塑料包装行业和自己的情况。说者无意，听者留心，没多久这个弟弟就找上门来。徐善东表示，你一定要想好，如果真下决心做，我可以帮你，并开出了建厂投入的预算。过了几天，对方就开始拉着他选址，最后在 ××× 工业园买下了厂房，从中国进口了设备，聘任徐善东为生产技术经理，买卖择日开张。

开始，确实很难，开张几个月，订单就是上不来，弟弟有些动摇，哥哥心中有数，总要有个市场逐渐铺开的过程，全印尼从事这一行的只有两家，而市场的需求却大得很，目前是对接不上，而不是没有市场。于是，他劝弟弟再耐心等一等。果然4个月后出现了转机，企业有了大客户，一个为LG公司承揽包装的韩国人将大笔订单交到了他们手上，原来是没活儿干，现在是两班倒，之后是三班倒，当年年底就收回了厂房和设备投资，第二年开始挣钱，小哥儿俩喜上眉梢，额手称庆。谁知好景不长，刚过了2011年春季，LG公司的订单突然撤回了。几经了解得知原来那个韩国承包商一看包装产品挣钱，干脆自己建厂自己直接面对LG公司了。这对徐善东哥儿俩来说，无疑是釜底抽薪，工厂一下子回到原点，又是4个月没有活，三班变两班，两班变一班，一班变半停产。有病乱投医，弟弟情急之下高价请了一位经理人，又挺了几个月，赔了夫人又折兵，还是不见起色，弟弟彻底动摇了，要把厂子卖掉。此时，头脑清醒的徐善东再次挽狂澜于既倒，他和弟弟谈，让我全权，再给我3个月，不行我心服口服关门大吉。弟弟半信半疑点了头。第二天徐善东从销售环节入手，成立了业务部，亲自招聘业务员，他一口气面试了几十人，不问学历问能力，不问经验问决心，最后将4名能吃苦耐劳有勇气闯市场的年轻人网罗到旗下，开始对雅加达各个工业园区进行地毯式排查和公关，终于打破了隔靴搔痒的局面，实现产品和用户直接对接，不到3个月，迎来了LG（印尼的另一个LG）、爱普生等大客户，订单纷至沓来，3个月扭亏为盈，今天哥儿俩正在筹办在雅加达的另一个工业园区再建一个新厂，因为现有的厂房设备就是三班倒也干不完手中的活儿。

如今，胜券在握的徐善东踌躇满志，正在全力以赴地筹建新厂。

刘　杰

# 中国蓝领的“变压人生”

——记芝加浪力宝工业园台商变压器厂生产部经理张辉

芝加浪力宝工业园，雅加达基础设施最棒的工业园，这里宽阔的柏油路纵横交错，现代化的新兴工业企业鳞次栉比，绿树成荫，别墅成排，商场、酒店、娱乐设施应有尽有，这是宜工宜居之处，也是雅加达藏龙卧虎的地方。51 岁的张辉是一家生产变压器的台商企业的生产部经理，他来印尼已经 10 多年了，不显山不露水地生活工作在这里。

## 住别墅的中国技术人员

张辉原是中国安徽省省会合肥市变压器厂的技术人员，对变压器技术、流程、行业发展、市场现状可说事事“门儿清”。提起他的技术还得从他读书说起。中国有句俗语，叫作“淘小子出好货”，意即男孩子小时候淘气一点不是坏事，长大了往往是最有出息的孩子。这话适合张辉。张辉已经上高中了还和一群淘小子混在一起，父母看他不安于认真读书，索性同意了他的要求，不去考大学了，直接去考技校（中国的中等职业教育学校），早点毕业直接工作。张辉淘是淘，可是聪明过人，只要他认定的事就一定能做好。那年他报考了省建筑公司所属的一所技校，准备毕业从事建筑工作。可是阴差阳错，他报考了电力系统的技校，毕业后分配到变压器厂工作。

经理人张辉

他在合肥变压器厂从工人做起，一直做到技术工人，技术管理干部。合肥市变压器厂曾经是一个很有规模和名气的国有企业，他在那里不仅技术上迅速成长，也学到了现代企业的组织运行机制、管理方法、管理经验和一个负责任的国有企业干部的事业心和责任感，他从一个淘小子脱胎换骨成长为一名优秀的企业技术管理干部。

20 世纪 90 年代中国的国有企业在简政放权、承包经营等改革均不奏效的前提下，进入了公司化、产权制度改革的时代，要实行股份制，要允许社会资本参股入股，要强强联合组建大的集团企业，这个思路是正确的，可是国情不同执行起来就会有不同方向、不同程度的“走样”，在印尼是看准了的事往往被扯皮和拖拉变形，在中国往往被手中大权在握的政府主管部门强行插手而扭曲，因为所谓政府主管部门是具体的人在运作，监督跟不上，法制跟不上，握有重权的人就会运用手中的权力“寻租”，谋求个人利益的最大化。一时间在整个中国内地出现了很多“拉郎配”式的企业重组，你的企业越好，主管部门把你描绘得越差，必须参股、由别人控股改制才能生存，谁来参股控股呢，当然是和他们沆瀣一气的人，这样他们双方都可以从中渔利，侵吞的是国家财产，倒霉的是企业员工，多少企业由此江河日下，最终破产。矛盾最激化的时候甚至发生了中国通化钢铁公司工人揭竿而起，围攻发改委强行安排的控股方的经理人，众人用拳脚将其活活打死，最终逼迫吉林省发改委不得不连夜发文收回成命，不再插手该企业的改制，在现代中国工人运动史上写下了浓墨重彩的一笔。合肥市变压器厂所经历的与此大同小异，从1993年改制每况愈下，到2000年时，张辉已经看得非常清楚，企业不再是充满希望的企业了，自己必须离开了。

一个机缘成就了他的想法。2000年，就是张辉现在工作的这个变压器厂的一个新加坡股东去安徽铜陵为自己的电磁线企业购原料，途经安徽合肥，发现这里居然有一家ABB的下属企业（改制后的原合肥市变压器厂），正好雅加达的变压器厂刚刚组建，急需设计和技术指导，何不到该厂试试。寻着这个机缘，张辉来到了雅加达芝加浪力宝工业园台商变压器厂，担任设计和技术指导，现任生产部经理。

这十几年，张辉亲眼目睹了企业从小到大、从弱到强的发展历程。现在，企业已是印尼国家电力公司超高压变电设备的指定生产单位，小型送电线路变压器年产7000多台，产品质量优异，供不应求。就在原厂的旁边，一幢幢新厂房拔地而起，这个新厂投产后，产品质量和产量都将成倍翻番。他还特意带记者参观了工厂引以为豪的机械设备、变压器油存储设备，据说都是世界顶尖的品牌。当然，他也经历过企业的低谷，困难时老板不得不借钱给工人发工资。他向记者介绍，企业所以有今天，关键在于老板和员工同甘共苦、同心同德。他带记者参观了他和另外几名中国技术人员的宿舍，委实让记者大吃一惊，这是别墅区里的一栋二层别墅，老板住楼下，他们住楼上。平时下班后可以在桌球室打打台球，出了小区就是著名的商业街——韩国街，那里应有尽有，生活便利。

## 在印尼做企业技术和生产管理需要耐性和磨合

“你在印尼的台商企业做了这么多年的技术和生产管理，实践中感觉最难的是什么？”记者的这一问题打开了他的话匣子。“第一难是员工培训。”他说。企业现有员工 200 多人，除中国来的几位技术人员、企业聘任的若干名翻译外，工人基本为当地招聘。变压器生产是技术活儿，必须使工人掌握最基本的技术常识与技能，所以，不仅在他们刚入厂时要集中培训，还要有经常性的职业技能培训。但是印尼的教育，最少是在员工身上我看到的印尼教育是注重神学和社会科学，自然科学、理科相对薄弱。比如，个别工人你反复教他多少个回合，他们就是弄不清楚 1001 毫米、1010 毫米和 1100 毫米之间的长度区别，学会测量是生产的最基本要求，你可以想见我们培训员工之难。我是急性子，又是中国国有企业管理出身，对规章制度、工艺流程、作息时间要求严格，批评起人来粗声大气，口无遮拦。可是印尼员工大都是慢性格，个别人做事拖拉，纪律散漫，有时人不上班连个知会都没有，你批评他不仅接受不了，有时还会有强烈的反弹。比如，前一段，厂里工人的工会组织给我“总结”了“五大罪状”，最让我莫名其妙的是“此人长期垄断生产技术，不肯无保留地教给工人”，我是恨不得一天之内把所有的技术教给他们，垄断从何说起呀？很多事是民族性格和认知方式的差异，看来在印尼做管理，我还得有更大的耐心，要靠时间去磨合。

说到工会，印尼的工会都在起步的初建阶段，其运作还有待规范，特别需要明确的法律法规调整，比如，有时工会会组织人员封堵工厂，或者骑着摩托车成群结队冲入生产作业区吵闹打砸阻挠正常生产作业和办公，这不是劳资协商应有的正常的运作方式，对企业发展不利，对工会组织的健康成长也不利。甚至有时在有的企业酿成社会不良人员混入，打砸和与“请愿”工人恶斗的情况，伤及工人的人身安全。今后，随着印尼的改革开放和招商引资的扩大，劳资之间的矛盾和问题不可避免，希望记者能通过舆论呼吁政府有关部门尽早出台相关的法律法规，保护工人的合法权益，同时也保护企业主的合法权益，形成有序、民主、协商的劳资协调机制。

“您今后有何打算？”张辉告诉记者，老板很好，企业很好，环境很好，印尼人也很友好，不出意外，他会在印尼一直做下去。

刘　杰

# 我在这儿很好

——访贸易销售顾问蔡佳时

蔡佳时，2008年毕业于广西职业学院。在中国时从事服装行业，从一名小小的销售员做到了销售管理。一次偶然的机会朋友把他介绍到印尼。来之前他就上夜校恶补印尼语半年，至今他在印尼已有3年，一直忠心于一家本地贸易公司担任销售顾问。

蔡佳时告诉记者，来印尼之前对这个国家了解甚少，自己知道的都是一些负面信息，即使当时对印尼没什么好感，但还是觉得男儿志在四方，不能让困难牵绊着自己前进的步伐，最后还是告别了父母家人决定到印尼闯一闯。

刚来印尼的他对这个充满神秘而又好奇的地方生活非常不适应，街道上车水马龙，拥挤的道路上摩托车还到处乱窜，使人眼花缭乱，过马路时都得带上“八只眼”，过个马路等上几十分钟，这些都是很平常的。

印尼人喜欢吃油炸食品，这对刚来印尼的他无疑是个巨大的挑战。没有食欲，身体单薄的他因这些因素常常生病。吃不惯当地食物，只好自己一个人买菜做饭。他说，记得刚来印尼不久就得了肠胃炎每天都要从床上拖着沉重的身体去厨房煮东西，没有亲人的陪伴没有朋友的关怀，每天陪伴他的不是冰冷的墙就是那不知所语的电视，每天都只能喝点稀粥，吃点榨菜，这一吃就是半个月，本来身体单薄的他终于体验到什么是干瘦如柴了，不到1个月的时间里他开始想家了，年轻的他终于知道家在心中的地位，想起过去的日子，家是多么的温暖，父母的笑容是多么的温馨。现在这些只能从记忆中索取。看着别人家里有吵有闹，自己只能偷偷地躲在墙角哭，然后自己擦干眼泪，给自己一丝勇气站起来。

每天过着两点一线的生活，业余时间自己唯一的“兴趣”就是上网发呆，生活的乏味开始让自己厌倦这份工作，讨厌这个地方。出门在外，他总是“报喜不报忧”，从来没有告诉家人自己在这里生活的乏味，就怕家里人会为自己担心。虽然心里一直说着坚持，坚持，但心里就是个无底洞，找不到一个待在这里的基石。

经过多次思想斗争后，“入乡随俗”一句简练的话浮现在他的脑海。当时就恍然大悟觉得自己以前的一切都是错误的，接下来他就尝试着怎样去融入这个社会，那时起他就经常一个人旅行，一是想更了解印尼的风土人情，二是希望能结识更多的朋友，每次旅游回来都会把自己总结下来的心得和攻略写在网络上，希望能和大家一起分享印尼的快乐风光，并能为一些想去旅游的人提

旅游中的蔡佳时

供一定的帮助，如今只要你轻轻点开电脑在百度上输入《菜菜在印尼》就能找到他的游记共11篇，有5万左右的点击量，如今也成为许多国人来印尼旅游的参考法宝。

这时他终于发现印尼是个很能锻炼人的地方，你更加能学会怎么独立，怎样使用自己的双手，成功没有捷径，必须自己一步一个脚印走出来。现在的蔡佳时喜欢自己的工作，也非常喜欢旅游。他说，非常欣慰能在印尼认识这么多的朋友，因为印尼，因为你们让我的生活更加多彩。

晏　江

# 一位中国发型师的“顶上功夫”

——访淼淼发廊发型师阿淼

说到“顶上功夫”，印尼本地的发型师与中国的差别还是蛮大的，对于那些从中国来的外来人员到底是怎样看待印尼的美发行业呢？记者采访了多位外来人员，他们都一致表示对印尼的造型风格不太满意，语言障碍对外来人员也是一种麻烦，常常弄得当地发型师“丈二和尚摸不着头脑”。造型师的烦恼，客人的无奈，还经常做出一些滑稽的造型，导致不少人宁愿剃个光头，也不愿去做什么造型。这一切的烦恼随着造型师阿淼的到来总算得到了改善。

35岁来自辽宁葫芦岛的阿淼，1997年高中毕业后就辍学跟着姐姐在镇上一家小理发店学习理发，还别说阿淼对造型这门手艺有着很高天赋，不久阿淼对造型这门技术起了兴趣，不到一年的时间就把姐姐的手艺学了个通透，学无止境的阿淼依然热衷于对发型的研究、探讨，可是小镇上的那点技术哪能满足阿淼对造型知识追求的渴望呢？笼子再大也囚不住鸟儿的心，阿淼于是恳求父母，希望能到“国际邦定美发学院”深造，在校半年，他几乎花光了家里仅有的积蓄。当时“国际邦定美发学院”在国内以至全世界都相当知名，在学校期间，阿森上课认真，勤奋好学，阿森告诉记者，当时在学校，为了练习平衡，每天都要练习剪纸，这个纸剪的大小就基本看出你的功底，越细越好，常常练习完后，纸堆都没过了膝盖，就这样一天一天重复着，每一个发型师的手上都有着大大小小的伤疤，每当我们去发廊吹发型，哪知道发型师是在高达 80 摄氏度的高温中为我们整理着我们的头发？俗话说：“台上一分钟，台下十年功，很多人看到发型师剪剪吹吹，每天轻松地赚钱，其实作为一名发型师，对待每一个客人，都是对自己耐心的一次次挑战，每天都要看顾客的脸色过着。淼淼毕业后就到铁岭一家大型美发店做起了老师，曾在 1999 年在辽北男式剪吹中荣获二等奖，珠三角（广州、香港、澳门）女式剪吹荣获一等奖，后来又陆陆续续获得不少奖章，随着时间的洗涤，阿森在美发界的地位和知名度得到一定程度的提高，逐渐成为业界响当当的人物，还多次被邀请参加各种美发界大赛评委。

阿森曾经在深圳开了家发廊，可是 2002 年的那场非典迫使他关掉了店面，后来经表姐的介绍于 2003 年来到了印尼，刚来印尼的他在朋友的介绍下进了一家台湾人的发廊当起了发型师，当时的雅加达，想在路边找到一家中式发廊就比在鸡蛋里挑骨头还要难，大街上连中文字都没几个，发型师来印尼，阿森算得上是第一人。后来阿森也试着在印尼开了一家自己的发廊，当时和当地华人合资，对于社会阅历较少的阿森来说，哪知道人与人的交往并没有想象中的那么简单，他把多年省吃俭用的积蓄都投进了开店筹备中，哪知人多，思想文化的不同，意见难统一，常常出现分歧，导致第一家店还没来得及开张就活生生地被扼杀在萌芽中了。没办法之下， 他只好又回国，准备了一年后，阿森背着行李又一次来到印尼，此次他自己投资，几经周折的阿森，第一家店总算开业了，店是开了，可是客流量特别少，客人流动性大，当时信息技术落后，消息闭塞，自己的店面也没有得到较好的宣传，效益十分不乐观。

阿森当时就想：“难点无所谓只要能勉强撑下去，要有“血战到底”的精神，他哪料到，一个过年差点就把他给掰倒了，当时正逢印尼过年，公司都放假了，当时阿森终于体会到什么是“门可罗雀”的滋味了，就这样持续了两个月，本来平常的收入只能勉强维持店面周转，可是这次过年，断掉了自己的唯一经济来源，连工人的工资都付不起。他曾想过关门，可是当时连买机票的钱都没有。自己穷得揭不开锅，有一次，他和同事去吃饭，钱只够买一份炒饭，一人一口，每一口都能感觉到嘴里有多少粒米，就这样一步一步，不知经历了多少霜和雪。今天阿森的发廊有了三家分店，这一切是他在背后的泪水与汗水铸成的。

阿森说，相对当地而言，中国的造型业还是比较优秀，现在自己的客服远远不止针对中国人了，自己的品牌也受到了印尼朋友的青睐，哪怕在价格方面高于当地的发廊，可客人还是那么多，“一分价钱一分货”。这一切证明了我们服务的价值。阿森说，即使在国外自己也得定期回国学习，这样才能达到与国内同步，随后自己又把知识传给自己的印尼员工。

阿森说，作为一名发型师，我是本着对这个行业的爱好来做的，并不只是为了赚钱，在这里我们做一个发型只需 150 千左右印尼盾，而在国内做一个最起码也要 600 千印尼盾。但是他说“做人不能只为钱着想，一个人的功绩不在于向别人炫耀你赚了多少，而在于你为这个世界做了什么，付出了多少。开分店是为了让更多的朋友享受我们更好的服务”。但他觉得这些还远远不够，他希望能在印尼开一家学校，或培训班，教会更多的人，来带动印尼美发行业的发展，不仅让雅加达的人享受到，也要让这个行业服务整个印尼，希望借助教育这个媒介把自己毕生的知识和才能传授给大家，同时提高印尼的就业率，让印尼的这个行业与国际接轨，增强中印文化的交流，促进经济发展。

晏　江

# 湘菜印尼行

——记邓灶荣一家

没有考证过是真是假，据说有一个有过亲身经历的美国人说过这样一段话，千万不要娶一个中国太太，要不了几天她的爸爸妈妈就会来了住到你家里，再过几月她的弟弟妹妹会来，再过几年她的姑姑姨姨舅舅婶婶等亲属就会陆续来了，你的家就再不是自己的家了，常年就像一个面向中国亲属的接待站……如果完全不去理会这段话明显的负面讽刺的话，那么也可以说他说得对，是中国人典型的亲情纽带的写照，想当年广府、福建人下南洋不都是这么来的吗？今天要说的邓灶荣一家也是这么来雅加达的，只不过他们不是广府人，也不是福建人，而是湖南人，这说明今天的下南洋正在从滨海向中国腹地蔓延。

邓灶荣，36 岁，湖南永州人，2010 年投奔弟弟来到雅加达。邓灶荣的弟弟则是在 2007 年投奔妹妹来到雅加达。邓灶荣的妹妹是源头，2007 年她嫁给一位在深圳务工时结识的印尼华人来到雅加达。邓灶荣一共兄妹 3 人，2010 年聚首雅加达。之后，邓氏家族的几个表弟和表妹也陆续来到雅加达。正所谓嫁到印尼一位，引来中国一家。目前，湖南老家只剩下像候鸟一样每年往返于雅加达和永州之间的父母，据了解近一二年可能下决心搬迁过来。邓灶荣一家 4 口，有 2 个女儿，他的妹妹一家 5 口，有 3 个女儿，加上表弟、表妹，这是一个十几口人之家。他们靠什么生活？在卡加玛达公寓他们有一个 4 层楼的 300 多平方米的公寓，如果读者认为他们一家一定住在自己的公寓里，那就错了，他们只不过是头几年刚来时住在这个新买的公寓里，现在已经陆续搬出，住到各自或租或买的住宅里，这里都变成了邓灶荣的“毛家菜”餐馆的经营用房。在这个如同福建客家土楼四周都是公寓和经营用房的大院里，记者不仅看到了温州、四川、湖南字样的经营招牌，更看到了邓氏家族从“毛家菜”餐馆起家的迅速扩张，隔壁有表弟和表妹合营的钱庄，专营不同币种的货币兑换，钱庄的内侧是他们经营的专业签证公司，主营旅游签证、商务签证、工作签证及其延期的代办代理，对面楼内有一不大不小的店面是一个表弟经营的旅行社兼航空售票代办处，几个店面仅雇用的印尼员工就有 30 多人，300 多平方米自有产权的公寓价值多少，记者算不明白，但我想就雅加达日日看涨的房价一定价值不菲。8 年迁来一大家买卖开了三四个，这一切是怎么做到的呢？据记者了解，这十几口人，邓灶荣最大不过 36 岁，来印尼时不到 30 岁，其他亲属除了孩子，大都二三十岁之间，所有的人都没有念过大学，他们的过人之处究竟在哪里呢？

中国有句老话，后来因被毛泽东引用过而变得家喻户晓，叫作“穷则思变”，说的是人穷了就有了改变现状的强大的内在动力，不会瞻前顾后，只会一往无前。邓灶荣一家在印尼所以能够成功的解释只能到这个“动力”中去寻找。邓灶荣的家乡中国湖南永州，位于中国湖南省西南部，南岭山脉北麓，潇水和湘江汇合处，素有“锦绣潇湘”之称。自古便是华中、华东地区通往广东、广西、海南及西南地区的交通要塞，也是湖南对外开放的重要门户，这样的地理位置按常理一定是一个较为富庶的地区，其实不然。这里属亚热带季风气候，冬湿冷夏闷热，气候不是宜人而是难耐。面积 2.24 万平方公里，人口 550 万，人口密度 233 人 / 平方公里，是中国内陆人口密度较大的地区，且是少数民族聚集区，少数民族人口占湖南少数民族人口的 8.36%，中国 55 个少数民族中这里有 47 个民族分布。大学以上文化程度只占总人口的 4.54%，远低于全国平均水平。历年来由于官僚主义和政府某些决策失误，这里的行政效率不高，经济发展乏善可陈，经常传出干群矛盾激化的群体事件、枪击事件的消息，一句话这里是一个“穷则思变”的地方。在记者问到 2007 年你妹妹刚结婚，你弟弟就来到这里开饭店，2010 年他刚开了 3 年你就动身来到这里，离开祖国离乡背井是那么毅然决然，就没有任何迟疑和顾虑吗？他几乎不假思索地回答没有任何顾虑，感到这里有发展就来了，并没有多想。当记者问到，来印尼经营感到最大的困难是什么，他说是开始时的语言沟通障碍。据记者了解邓灶荣的妹夫、那位印尼华人是一位从事电气行业的人，不时包一点工程，可能会帮一帮他们，也一定会很慷慨，但不管怎么说这种亲戚之间的帮助毕竟有限，更多的要靠他们自己打拼，开饭店从来都是头绪繁多费心费力的事，他们居然能举重若轻，显然，对一个奋斗的家族而言，能够克服的就已经都不算困难了。

他们经营成功的另一个重要原因就是这里的经营环境好，从来不像在国内经营要面对治安、城管、工商、税务、卫生、防疫、防火、街道等一大堆部门工作人员的吃、拿、卡、要，邓灶荣认为这里的管理部门对自己很照顾，办事很文明。现在，他巴厘岛新开的“毛家菜”连锁店正在装修，很快就会开业，记者问他未来的发展目标是什么，这个壮硕的湖南汉子告诉记者其实目标并没有什么，就是一件一件事稳稳当当地做好，巩固了一件再去做第二件。

我想他们成功还有一个原因也许是“毛家菜”本身的特色，“毛家菜”餐馆经营的是湘菜，湘菜是中国的八大菜系之一，以蒸菜、腊鱼腊肉和香辣著称，很有地方特色，因此在中国很有市场，其中的“毛氏红烧肉”，起源于毛泽东的家乡湖南韶山，是一代伟人毛泽东生前最愿意吃的一道菜。据邓灶荣说，在印尼也广受欢迎，开始时多为中国客人，现更多的是当地华人前来用餐，他们每天 24 小时开业，用餐的客人络绎不绝。

刘　杰

# 潮州人在印尼

## ——访阿顺活海鲜老板金东询

“潮州人”这个代名词可能大家都不陌生吧。那么潮州人到底有什么特别之处，靠什么能让大家对他们有着崇敬之情呢？下面我们来看看潮州人有什么特点。

第一，潮州人团结。在外面潮州人的团结都是有口皆碑，这就是海内外潮商的胜点。第二，善于经营、善于管理。潮州自古盛产富商，他们精明善算，有东方犹太人之称。第三，刻苦奋斗。潮州华侨的海外发家史，都是苦力、开米店之类起家，这些事别人都不愿做的，只有潮州人敢于吃这种苦。第四，自信自强，不甘人后的拼搏精神。潮州人有一种强烈的好战精神。“爱拼才会赢”这首歌不是瞎唱的。海外潮人不管持有什么样的优秀之处，这一点都是关键所在。敢拼、能干、精明、热情、好客，这些都是潮州人广为人知的优点，尤其在潮州人远离家乡、远离熟悉的人和环境时会惊人地激发出来。不能小看潮州当地的每一个人，他们不管现况如何，都有着惊人的潜质，爆发的时候，没有人能不为之震撼！

地上龙宫老板金东询

今天记者带着好奇访问了来自潮州的金东询先生，他拥有自己的“龙宫”，管理着成千上万“虾兵蟹将”。

12年前，金东询跟着同乡抱着出去闯一闯的想法来到了印尼，当时他以推销一些小首饰，工业品开始，没有营业执照，也没有固定的摊位，每天贪早摸黑到处跑。第一次出门，语言不通，还要把东西卖给别人，想想都让人觉得不可思议，可是金东询做到了，这就是潮州人的智慧，这就是潮州人的与众不同。

起先他会找会中文的华人推销自己的产品，后来慢慢摸索着找当地人，自己试着解决，实在没办法时只得请个翻译，每次来回就得两三个月，就这样持续了4年之久，自己的勤奋上进得到了周围朋友的认可，不久他和当地一女孩子坠入了爱河，有了媳妇，就不能像以前一样成天在外面跑了，于是小两口儿合计，在雅加达开了家烧烤店，当时雅加达还没什么烧烤店，生意也算是红火，炎热的晚上在室外操作，光想想就能觉得有多热；其次，每天早上金东询都得去菜场买蔬菜，下午得买海鲜，为了追求更高的利润，许多步骤，尤其是穿串儿这个步骤，必须要自己来做，这是个非常枯燥单调的机械动作，而且也很费力；最后，晚上卖烧烤，白天穿串儿，哪里有足够的时间休息啊，可想而知得有多累……每天迎着清晨的第一缕阳光回家，整天烟熏火燎的，面对挑剔的食客，还得露着虚伪的笑容，只有收工数着一天的收入，

地上龙宫

才是最放松的时刻！没有时间常回家陪陪父母，每逢过节更是忙碌在烟雾中，透支着自己的健康，为了家人更好地生活，也许在别人眼里这就算是累，而金东询说，这不算什么累，自己出来闯，这点累都怕，那今后还有什么出息，借着一个敢闯的劲，小两口儿也越做越有劲。

金东询告诉记者，我们虽然有员工，但是有些事是不好假手于人的，如果材料选得不好，顾客吃得不满意，那么自己哪里还有什么效益？金东询在购买海鲜的过程中逐渐对海产品也有了一点认识，也认识了不少卖海产的朋友，同时也和周围开饭店的“打成了一片”，想到自己每天都要去买海产，而这些开饭店的朋友也需要海产，于是这个商机就被他牢牢地盯住了，后来自己便多带回海产品，卖给周围的饭店，价格也比平常要低得多，就这样阿顺活海鲜算是正式开始了，生意越来越好了，整天要管理海鲜店，又要卖烧烤，实在累得不行了，金东询明白“熊掌和鱼不可兼得这个道理”，自己便果断关掉了烧烤店，经营起了这个“地上龙宫”。

“隔行如隔山”，时间一长问题就随之而来了。金东询并不知道卖海鲜原来并不像想象中那么简单，自己的这些虾兵蟹将经

地上龙宫

常无缘无故地死了，这是笔不小的损失，还好后来通过询问鱼贩，自己也摸索着，总算得出了一些小窍门。原来这些鱼虾是要在特定的温度下才能存活的。挑选海鲜也有窍门，别看那些小家伙还是活的，说死就死，没有理由，后来他发现挑选海产时得用心观察这些小东西的状态，马虎不得。别看那些螃蟹是被绑住的，稍不留意就会被螃蟹毫不留情地夹得痛到心窝。

了解了这些虾兵蟹将的习性，金东询就模仿海底的生态系统，用机器实行 24 小时水循环，把珊瑚、贝壳放在最下面一层，这样可以利用珊瑚的吸附能力，吸走杂物，时时刻刻要注意好温度，池子里装有温度计，随时观察池子的变化，如今金东询也不需要出去订货了，供货商会每天不停地给自己供货，而且这样也保证了海产的新鲜，没有积货，也减少了自己的负担，如果海产死了，就立即退给商家，自己担任的风险几乎达到零。

金东询仍在努力着，他说，希望有一天能把自己的“地上龙宫”建得大一点，能为更多的印尼人民服务。

晏　江